JN410134

묵은 땅을 갈면서

하재준 에세이집

교음사

| 책머리에 |

이번에 발간된 에세이집 표제를 『묵은 땅을 갈면서』로 정했다.

좋은 종자를 파종하려면 묵은 땅을 갈아엎어야 한다. 가라지가 무성한 땅에 씨앗을 뿌릴 수 없다. 이러한 원리를 자연에서 배워온 농민들은 부지런히 묵은 땅을 간다. 고대 이스라엘 선지자 예레미야도 "너의 묵은 땅을 갈라"고 외쳤다. 여기서 묵은 땅이란 잡초가 무성한 황폐된 마음의 밭이 아닐까? 그리고 '갈라'의 명령적 의미는 자기 자신을 끊임없이 높은 인품으로 교육해 가라는 뜻이다. 그러니 어찌 지난날을 깊이 반성해 보지 않을 수 있겠는가?

이번 작품집을 '수필집'이라 할까. '에세이집'이라 할까. 망설이다가 '에세이집'으로 정하고 그간 써 놓은 글들을 모았다. 서정적 수필과 논리성이 깃들인 에세이가 혼합된 작품집이기에 그렇게 붙였다. 내 나이가 벌써 80을 훌쩍 넘고 보니 세월이 무섭게 느껴짐이 사실이다. 실상 상당량의 수필이 남아 있기는 하나 그간 싣지 못했던 형제간의 정이 담긴 묵은 원고를 꺼내어 앉은 먼지를 떨어내면서 이 문집에 넣었다. 앞으로도 나에게 얼마나 시간이 주어질까? 아무도 모른다. 그렇다고 방심할 수도 없다. 현재 평론집도 발행하려고 준비 중에 있으니 말이다. 그리고 어느 문인이 내게 그간 써 놓은 원고를 영문으로 번역하여 문집을 만들어 볼 생각은 없느냐고 묻기에 생각해 보겠다고 했다.

요즘 나는 이런 생각을 해본다. 우리가 살아가는 현실 속에서 이루어진 삶의 흔적을 망각의 피안으로 사라지기 전에 영원히 붙잡아

둘 수는 없을까? 또 화석처럼 굳어져 버린 채 방치해 두었던 나의 흔적들이 먼지로 변하여 사라지기 전에 새로운 삶과 만나 역동설(力動說)을 일으킬 수는 없을까? 음성언어가 아닌 문자언어로 말이다. 그렇게만 되면 아무리 세월이 흘러도 우리 후손들과 대화하는 자리가 마련되고 정다운 삶의 잔치가 풍성해질 것이 아닌가? 이것이 공상(空想)만으로 끝날까 아니면 실현화될까 이것도 현실로선 아무도 모른다.

나는 아파트 17층에 살고 있다. 그래서인지 자주 베란다에 나가 밖을 내다보는 버릇이 있다. 그리 높지 않은 층인데도 한길에 다니는 사람들이 실제보다는 좀 작게 보인다. 원근(遠近)뿐 아니라 측근원(側近遠)도 그렇다. 또 어느 각도에서 사물을 보느냐에 따라 똑 같은 사물일지라도 제각기 형태가 조금씩 다르게 보인다. 표현도 그렇다. 긍정적이냐 부정적이냐, 애정적이냐 증오적이냐, 등 어떤 감정을 어떻게 표현하느냐에 따라 독자에게 전달되는 감정이 각기 다르다. 이런 점을 감안하여 조심스럽게 글을 쓰고 있다. 혹시나 잘못된 자세로 쓴 글이 있다면 그 충고를 달게 받겠다. 너그럽게 이해하고 질책해 주시기 바란다.

끝으로 이 책이 출판할 수 있도록 한국예술복지재단 창작지원금 신청을 도와주신 이민호 선생님께 감사드리며 편집에서 출간에 이르기까지 수고해주신 교음사 강병욱 대표님과 류진 편집국장님께 고마운 마음을 드립니다.

2021. 저자 월석(月夕) 하재준

하재준 에세이집

---

1. 마음의 창을 열고

2. 음지(陰地)가 있으면 양지(陽地)도 있는데

3. 고요히 흐르는 이 시간에

4. 추억이 밀려올 때면

5. 목숨은 불꽃처럼

1

마음의 창을 열고

만남의 축복

나는 대부분 승강기 안에서 이웃들과 하루의 만남이 시작된다. 내 집이 아파트 17층이라서 밖에 나가려면 꼭 승강기를 이용할 수밖에 없다. 그곳에 오르면 어린이로부터 어른에 이르기까지 많은 이웃들과 만나게 되는데 생각해 보면 참으로 정다운 얼굴들이다. 78억에 이르는 전 세계 인구 중에서 서로 만나지도 못하고 죽음에 이르는 자들이 얼마나 많은가? 무수한 인간들 중에서 한국, 그리고 우리 아파트라는 공동체 안에서 전체가 22동으로 천칠백여 세대가 살고 있다. 그중에서도 같은 라인 44세대가 한 승강기에서 서로 만나니 어찌 보면 하늘에서 맺어준 깊은 인연의 사람들이 아닌가 싶다.

옛날 같으면 한 마을 사람들인데 그보다 더 자주 만나게 된다. 그러다 보니 다정한 눈빛과 정다운 얼굴을 대하면서 서로 인사를 주고받아야 하는데 어찌해서 그렇지 못하는가. 아파트에 사는 이들은 아침 일찍 나가고 저녁 늦게 들어오는 고달픈 삶이기 때문일까?

이웃과 대화 없이 지내는 경우가 허다하다. 이런 아파트 삶이 계속되다 보니 이웃 간에 정을 전혀 느끼지 못하고 생활하고 있다. 참으로 삭막한 느낌이다. 이럴 때마다 나는 내가 구시대 사람인가. 젊은이들은 아무렇지 않게 잘 사는데. 왜 이리 답답한가. 자주 이런 생각을 하곤 한다. 내가 아파트 생활한 지도 줄잡아 30여 년이 넘건만 편리함 뿐이지 마음은 즐거움이 없다. 과연 이대로가 좋은가. 아파트생활 이전에는 한 마을에서 정을 나누며 한 형제처럼 오손도손 살았다. 그래서 이웃사촌이란 말이 있지 않는가. 옛날의 정겨운 삶을 되돌릴 수는 없을까? 그 이유가 무얼까? 곰곰이 생각해 봤다.

옛날 마을엔 이웃집과의 경계선에 싸리나무 울타리나 낮은 담으로 이웃과의 소통이 잘 이루어졌다. 이웃집 굴뚝에 연기가 피어오르지 아니하면 서로 밥을 나누어 먹기도 하고 어려운 일이 있으면 같이 눈물 흘리며 돕고 살아왔다. 그런데 오늘의 담은 높이 올라가 정을 전혀 나눌 수 없는 데다 더욱 날카로운 유리 조각이나 철망을 쫒아놓고 있으니 보기마저 살벌하다. 아파트의 삶은 더 심하다. 출입문 하나만 닫으면 조금도 허용치 않는 완전 밀폐된 공간이다. 이웃과의 정은 생각조차 할 수 없는 구조로 되어 있다.

인정은 참으로 소중하다. 어찌 이러한 정을 외면하며 사는 삶이 값진 삶이라 할 수 있겠는가. 아파트의 삶에서 이웃 간에 서슴없이 마음을 주고받을 수 있는 통로는 오직 승강기 안에서의 대화뿐이다. 좁은 장소, 짤막한 시간이나마 그곳을 잘 선용하여 정의 통로, 사랑의 공간으로 삼는다면 아쉽지만 그런대로 정을 나눌 수 있지 않을까?

'고래도 칭찬하면 춤을 춘다.'는 말이 있다. 이렇듯 인간도 상대방에게 칭찬을 받으면 삶에 기쁨이 되고 활력이 된다. 그렇다고 상대방을 잘 알지 못하면서 어설프게 함부로 말할 수가 없다. 그러나 진심 어린 인사 한마디로 마음 문을 열다가 보면 어느덧 다정한 사이가 되어 젊은이들에게는 꿈을, 나이든 어르신에게는 건강을 염려해 주는 마음이니 얼마나 정을 나누는 일인가? 그리고 땀 흘려 일하는 이에게는 성실한 삶의 가치를, 단정한 차림의 옷매무새를 보이는 이에게는 진정한 멋을 아는 분이라는 등 칭찬 한마디는 그에게 활력을 일으키는 일이 아닐 수 없다.

나는 이러한 언어를 통하여 마음 문을 열고 같은 승강기를 이용한 44세대의 이웃과 교감을 나누기로 했다. 처음엔 안녕하세요? 안녕히 다녀오세요. 좋은 하루 되세요. 등 연령과 때와 계절에 맞게 인사를 했다. 처음엔 들은 척도 않고 다니던 사람일지라도 일주일, 혹은 보름, 한 달 계속하니 서로 인사하게 되고 관심도 가져주는 친한 이웃이 되었다.

벌써 수년 전의 일이다. 헉헉거리는 여름철 더위를 식히느라 두 대의 선풍기가 맹렬히 돌아가고 있는 그때 큰딸이 찾아와 그 딱한 경상을 보고 그날 바로 에어컨을 설치해 주었다. 그다음 날이다. 오후 1시경, 밖에서 돌아온 나는 더위를 식히느라 에어컨을 켜고 한 50여 분이 지날 무렵인데 현관문 밖에서 사납게 벨소리가 계속 울렸다. 얼른 나가 보니 14층과 15층에 사는 부인 두 분이 찾아왔다. 나를 보더니 "여기 사시는군요. 저희들은 모르고 왔습니다." 하기에 무슨 할 말이 있어서 왔구나, 싶어 "괜찮으니 어서 말씀해주세요." 했다. "실은 베란다 난간에 추락방지를 위해 설치해 놓은 철제에 에어컨 실외기 물이 떨어져 집 안에 들어오기 때문에 너무 화가 나서 관리사무소에 신고하고 찾아왔는데 참지 못하고 찾아온 것 미안합니다." 하며 그분들이 돌아갔다. 바로 뒤이어 관리실 직원이 찾아왔고 에어컨으로 인한 물방울이 이웃에 지장을 주는 일이 없도록 해달라는 방송이 계속되었다. 곧바로 에어컨 설치 기사가 와서 고쳐 놓았다. 참으로 고마운 분들이다. 이해해준 그 도량에 감사드린다.

이웃 간의 정은 참으로 소중하다. 우리가 살아가는 동력이 정으로 이루어지기 때문이다. 우리의 행복도, 너와 내가 하나 됨도, 사회와 국가의 번영과 발전의 동력도 정의 소통이 교감될 때 모든 것이 아름다워진다. 얼마나 고귀한 가치인가? 이를 누가 부인하겠는가. 이렇게 높고 귀한 가치의 출발은 오직 대화이다. 대화의 방법에는 여러 가지가 있다. 자기의 뜻을 음성으로 때로는 문자로 주고받는 대화, 침묵 속에서 이루어진 눈빛의 대화, 미소의 대화 등은 영감으로 소통이 된다. 어느 대화이든 다정함이 스며 있으면 그윽한 정을 나눌 수 있다. 이는 고독을 물리칠 수 있는 유일한 길이 아닌가. 아파트 승강기 안에서 아늑한 정을 다시 한번 깊이 생각해 본다.

인사

얼마 전의 일이다.

금년 고등학교 1학년에 다니는 손녀는 급히 전할 말 있어 내가 소속하고 있는 모 문학단체 회의 장소까지 찾아왔다. 그때가 회의 시작 10분 전이어서 많은 회원들이 모여들고 있었다. 나는 반갑게 그들을 맞이하며 인사를 했다. 공교롭게도 손녀가 지켜보는 그 순간만은 어떠한 모습으로든 그들이 먼저 인사하는 자가 없었고 내가 인사를 청해야 비로소 반가운 표정으로 악수를 나누는 형태가 계속되었다.

이 광경을 지켜본 손녀는 전할 말만 간단히 마치고 뒤돌아서서 어디론가 총총히 가 버렸다. 그런지 일주일 후 우리 집에 찾아온 손녀는 저녁 식탁에서 나에게 조심스럽게 말을 꺼낸다. 아빠가 들으시면 속상하실까 봐 차마 말씀을 드리지 못하고 할아버지에게만 드리는 말씀이니 혹 무례한 말이 있더라도 용서하시고 이해하시며 제 말에 귀를 기울여 달라는 것이다.

들어 보니 요일 전 모 문학단체 회의 날, 손녀가 보고 느꼈던 심정을 솔직히 털어놓은 내용이다. 그리고는 나에게 연세로 보나, 사회적으로 보나 할아버지는 자부심을 가질 충분한 자격을 지닌 분이시니 지나칠 정도로 친절하거나 엎드려 절 받는 식의 인사는 하지 말아 달라는 간곡한 내용이다. 어느 누가 뭐라 해도 저희들만은 할아버지를 인정해 줄 터이니 힘을 내어 자존심을 가지고 살아 달라는 간곡한 부탁으로 들린다.

나는 행복한 사람이다.

손녀가 나의 행동을 잘못 이해하여 속상해하고 마음 아파할지라도 그만한 사랑의 가족이 내 곁에 있으니 어찌 행복하지 않겠는가. 특히 할아버지의 마음을 헤아려 보느라 일주일간이나 깊이 생각하고 난 연후에 조심스럽게 이야기를 꺼내는 손녀의 자세를 보고 어찌 고맙다 하지 않겠는가.

나는 조용히 입을 열었다.

"네가 할아버지를 사랑함이 그리도 지극하니 감사할 뿐이다. 그러나 얄팍한 권위에 노예가 되어 버린 할아버지가 되어서야 되겠느냐? 비록 그들이 할아버지의 인사를 받았을지라도 할아버지의 인격을 받은 것이지 허리 굽힘을 받은 것은 아닐 것이다. 설령 그들이 허리 굽힘으로 받았다고 생각을 해도 할아버지의 인격만 온전히 갖추고 있으면 별문제가 되겠느냐? 비굴한 마음이 아니면 족할 것이요, 떳떳한 일이다.”

“……”

“인사는 먼저 보는 사람이 먼저 하는 것이요, 사랑을 베풀고자 하는 자가 앞서 하는 것이다. 지위나, 나이가 많다고 해서 상대방으로 하여금 인사를 받으려 한다면 그것은 그릇된 행동이다.” 나의 말에 손녀는 이해가 된 듯하면서도 한편으로는 현실적으로 어찌 그러한 이론이 통용되겠느냐는 의문점도 지닌 듯이 석연치 않은 표정이다.

성경에서 인간의 몸을 질그릇에 비유하고 있다. 자칫하면 깨어지기 쉬운 것이 질그릇이다. 그러는가 하면 천년만년 부패되지 않는 것도 또한 질그릇이다. 우리의 마음이 어떠했느냐에 따라 부서지고 깨어질 수도 있고, 사랑으로 영원히 존재할 수 있는 그러한 양면성을 지니고 있는 것이다.

사랑의 첫 단계는 무얼까. 인사가 아닐까.

이상과 현실의 괴리를 극복하려면

정치인은 국민의 이상(理想)을 실현시키기 위해 투철한 사상을 반드시 지녀야 한다. 그리고 거시적인 통찰력과 안목으로서 국가의 안위와 국민의 생명을 지켜내야 한다. 그래야만 국민이 안심하고 편안하게 살 수 있다.

그런데 우리 국민을 이끌어 가고, 또 이끌어 가겠다는 자들이 너무도 사상이 결여되었고 통찰력과 안목도 역시 그렇다 보니 그들을 보는 국민들은 불안하다. 어찌 보면 신경과민증에 걸린 자들 같기도 하고 공방전(攻防戰)에만 촉각을 곤두세우는 이기적 정치인처럼 느껴지기도 한다. 더욱이나 주견도 없고, 사상도 없는 정치인도 끼어있는 것으로 보이니 한심스럽다. 물론 인식과 판단에 따라 차이는 있기 마련이지만 정치인은 범인과 다르기 때문이다.

사상(思想)은 어린애 장난감이 아니다. '나의 생각이 옳고 국민의 생각도 나와 같기에 이 한목숨 기꺼이 바치겠다는 결의된 생각', 이것이 사상이다. 일제강점기에 나라를 되찾겠다는 선열들의 사상을 생각해 보라. 그런데 오늘의 정치인들은 어떠한가.

최근 모 신문에서 김장현 교수의 칼럼을 읽었다. 너무도 그 내용이 가슴에 와닿기에 그 글을 그대로 인용한다. 그 내용은 이렇다.

"요즘 인공지능으로 대체하기 아주 쉬운 직업이 하나 있다. 바로 대한민국 정치인들이다. 거기에 여당인지 야당인지 입력만 해주면 자동적으로 메시지를 만들어 낸다. '여당을 입력하면' 무조건 정부 정책을 옹호하는 메시지를 출력할 수 있고 '야당을 입력하면' 똑같은 일인데도 아무리 정부 또는 여당이 훌륭한 성과를 내었어도 깎아내리거나 자신들이 기여한 일이라고 출력을 한다."

또 인공지능의 특징은 자신이 저지른 일에 책임을 지지 않는다. 그 예로 무인운전자동차가 사람을 상해시켜 놓고 그 책임은 자동차 업계에 떠넘긴다. 나는 기계이므로 입력한 대로 했을 뿐이다. 이렇게 책임을 전가시키는 것이 인공지능이다.

요즘 정치인들을 보면 어쩌면 그리도 똑같은가? 그러니 앞에서 말한 사상이 그들에게 어찌 스며 있다고 말할 수 있겠는가? 필자는 6·25를 생생히 체험했다. 그래서인지 좌파니 우파니 떠들어 대는 정치인들의 말을 들으면 너무도 치가 떨리고 몸서리쳐진다. 좌파 혹은 좌익이란 명목으로 억울하게 죽어간 양민의 수가 수없이 많기 때문이다. 그 예로 여수반란사건, 제주도 4·3사건, 광주 5·18민주항쟁 그리고 6·7·80연대 민주화 투쟁만 보자. 색깔론으로 얼마나 아까운 사람들이 죽어 갔는가? 최고 지성인이라 자처하며 국민을 이끌어 간다는 자들의 언어가 꼭 그렇게만 표현해야 하는가. 너무 천박하고 비열하다.

신경질적인 타산주의는 역사의 미래를 암담하게 한다. 그리고 '색깔논적 적대의식'은 국민을 선동하는데 적절할지 모르나 밝아오는 우리 역사를 칠흑 같은 어둠으로 이끌어 간다.

한국인의 지식수준은 매우 높다. 그러나 교육수준은 형편이 없다. 그러기에 이상과 현실의 괴리는 깊어만 가고 있다. 이것은 우리의 의식이 개발도상 국민보다 못하다는 증거다. 우선 청문회만 보자. 한국의 최고 지성인이라 자처하는 자들이 어찌 예나 지금이나 한결같이 흙탕물인가. 창피해서 낯을 들 수 없다. 교육이란 어디까지나 인성과 지성이 함양된 말이다.

역사의 발전은 국민을 이끌어 갈 정치인들의 수준과 능력에 달려 있다. 지금부터라도 우리나라 정치인의 뿌리인 '선비정신'을 되찾아야 한다. '선비'라고 하니 고리타분하다고 할지 모르나 '선비'란 학식이 있어 원칙을 지키고, 재물을 탐내지 않으며, 자기 행동을 절제할 줄 아는 그런 고결한 인품을 지닌 자를 가리켜 말함이다. 이러한 생활철학을 지닌 자가 정치를 해야만 이상과 현실의 괴리를 극복할 수 있다.

보내고 그리는 마음

고요히 깊어 가는 밤이다.

안식을 마련해 주는 지금 이 시간, 나의 침실이 인생을 싣고 가는 열차라 생각해 본다. 그리고 지난날의 상념을 이 차창을 통해 바라보고 있다. 그러면 얼마 전 다정한 문우 한 분을 아주 멀리 떠나보내고 남몰래 눈물을 머금기까지 했던 나의 모습이 스쳐간다.

그 문우는 25년 전 나와 함께 같은 대학에서 '수필창작의 작법과 기법'이란 과목을 가지고 둘이 나누어 강의 한 바 있고, 학교는 다르지만 고등학교에서 다년간 국어교사로 학생들을 가르친 바 있었다. 이같이 걸어온 길이 같기 때문인지 더욱 친해져 평소에 속마음을 주고받는 다정한 사이었다.

서로의 마음을 주고받으며 사귄다는 것은 참으로 어려운 일임에는 틀림이 없다. 하지만 이처럼 마음을 줄 수 있고 마음으로 사귈 수 있는 심우(心友)를 가질 수 있다는 것은 참으로 행복한 일이 아닐 수 없다. 그러기에 그를 만나면 항상 반갑고 기쁘다. 이 얼마나 아름다운 일이며 다정한 사이인가. 서로 헐뜯고 시기하며 살아가는 분위기 속에서는 늘 피곤하다가도 그분을 만나면 서로 위로해 주고 의욕을 북돋아 주기에 만남 그 자체가 기쁘고 행복한 일이 아닐 수 없다.

이렇게 마음을 의지하며 지내오던 문우가 얼마 전 췌장암으로 밤 열차를 타고 영원히 내 곁을 떠났기에 그를 보내고 난 후 나 홀로 터덕터덕 걸어오는 그 슬픈 모습, 그 심정이 차창에 어리어 오는 것이다.

영원한 세월 속에 한갓 수유에 지나지 못한 우리들의 인생이 아닌가? 조금도 기다려주지 않는 '운명의 시간' 그 가운데서 살아가는 우리네 안타까운 삶, 그런데도 천년만년이나 살아갈 것처럼 온갖 곤욕을 다 감내해 가며 의욕을 잃지 않았던 지난날의 시간들이었기에 못내 아쉬움이 회한으로 남아 이같이 가슴 아프게 하는지도 모른다. 물론 자기의 꿈을 위하여 인내해 가며 사는 삶이 참으로 값진 일인 줄 알지만 그동안 한 번도 마음 놓고 편히 살지 못했기에 하는 말이다.

그는 우리 곁을 떠난 한낱 촛불일지라도 내 가슴 어딘가 지금도 훈훈한 느낌으로 소통하고 있는 듯하다. 이성 간이든 동성 간이든 남남끼리 정을 주고받으며 사는 것은 진정 뜨거운 것이며 대단한 힘이 되는 것이다. 사랑이건 우정이건 간에 정(情)임에는 틀림이 없고 가슴 가득히 밀려오는 행복감 역시 조금도 다를 바 없다.

지금 문우인 그분을 보내고 난 이후 나는 광막한 허허벌판에 오직 홀로 서 있는 것 같은 허전함이 여울지고 있다. 그 여울을 넘어 딛고 외로운 마음을 달래보고 싶은 심정이 밀려올 때면 그분은 언제 내 곁에 왔는지 연심(戀心)이 되어 여유로운 미소를 지으며 나를 바라보고 있는 것이다. 비록 허상일망정 하늘에서 여전히 내 곁을 맴돌고 있는지도 모른다.

괴로워도 웃고 사는 마음, 얼마나 보배로운 일인가. 동서고금을 통하여 이별 없는 역사가 어디에 있는가. 그 이별이라는 것을 슬픔으로, 그리고 괴로움으로만 받아들이지 말자. 이 세상이 영원한 고향이 아니기 때문이다.

여행을 모두 마치고 나면 각기 자기 집으로 돌아가듯 이 세상의 여행자들은 다 본향으로 돌아가는 것이다. 그러기에 잠간 머무는 세상에서 부귀나 명예도 소중하지만 영원한 가치를 추구하며 피안의 세계를 바라보는 여유로운 그 마음가짐도 얼마나 소중한가.

지금 이 밤에 인생의 열차는 잠시도 쉬지 않고 힘차게 달리고 있다. 이 차에 몸을 실은 모든 승객들은 정처 없이 어디론가 가고 있다. 어디쯤에서 각기 하차해야 할지는 저마다 다르겠지만 우리는 지금 기쁨과 슬픔과 그리고 우울함과 즐거움의 감정을 지닌 채 고요한 이 밤, 어둠 속을 뚫고 열차는 운명의 레일 위를 여전히 달리고 있다. 참으로 귀한 이 시간을 달리고 있다.

6월의 신록을 바라보면서

6월이 오면 나는 제일 먼저 머리에 떠오르는 것이 6 · 25전쟁이다. 우리 세대에는 민족상잔의 아픔을 몸소 겪어 왔기에 응당 그런 생각이 떠오름은 당연한 일이다. 그러나 오늘 그런 쓰라린 경험을 되살리자는 것이 아니라 자연이 주는 계절의 의미를 되새겨 보고자 한다.

6월을 일컬어 흔히들 '푸른 계절'이니 '신록의 계절'이니 하지만 요즘 산과 들을 보라. 뜨거운 가슴을 열고 가을을 향하여 힘차게 달리고 있다. 탐스러운 열매를 맺기 위해 끝없이 시련을 겪으며 인내해 가는 계절이다.

뿌리에서 빨아올리는 수액과 함께 태양 광선을 조금이라도 더 많이 받아 탄소동화작용을 일으키려고 안간힘을 다 쓰고 있다. 그래야만 탐스러운 열매를 맺을 수 있기에 저리도 잎이 무성하지 않는가? 심안(心眼)으로 보면 안간힘을 다 쏟는 잎의 열정이 확연히 보인다.

생각해 보라. 지난 4~5월에 핀 화사한 꽃잎은 무슨 의미일까. 벌·나비들을 유혹하여 암 수술과 수 수술의 교배를 시켜달라는 몸부림이 아닐까? 이런 맥락에서 본다면 6월은 분명 젊음이 약동하는 활력의 계절이라고 나는 명명하고 싶다.

우리가 무엇인가를 갖고 싶거나, 이루려고 할 때 얼마나 많은 노고와 인내가 필요한가. 사랑도 그러하고 행복도, 성공도, 출세도 다 그러하다. 우리가 원하는 것을 이뤄내기 위해서는 피와 땀과 눈물을 바쳐야만 비로소 이루어지는 것이다. 그것을 풍성히 이루기 위해서는 더 많은 시련을 겪고 오래 기다릴 줄 알아야 한다. 그렇게 이루어진 것이라야 가치도, 보람도 있고 그간의 뜨거운 정열로 다져진 가슴도, 슬픔도, 괴로움도 모두 아름다운 것이다.

나에게는 아직도 꿈이 푸르다. 젊은 날의 꿈은 온 누리를 아름답게 수놓은 찬란한 4~5월의 꽃이라고 한다면 지금의 나의 꿈은 6~7월의 녹음과도 같은 것이다. 이렇게 말하면 친구들은 욕심도 많다면서 자네는 10~11월 추수기마저 지난 꿈이라고 말할지 모른다. 그렇다면 결실이 다 된 뒤에 무엇을 더 이루려고 꿈이 필요하겠는가?

오늘도 하루 종일 땀 흘려 삶의 현장을 누비고 다니다 보니 노곤하리만큼 피로에 젖은 몸이다. 그래서 나의 쉼터를 찾아오곤 한다. 쉼터라고 해야 고작 우리 아파트에 딸린 작은 공원의 나무 아래 마련된 벤치다. 그곳에서 잠시 휴식을 취하며 오늘 하루 일들을 되돌아보고 있노라니 중국 송나라시대 왕안석(王安石)이 말한 '녹음방초승화시(綠陰芳草勝花時)'란 말이 떠오른다. 그렇다. 꽃은 졌어도 분명 윤기 흐르는 속잎이 싱그러운 녹음이 되어 있으니 어찌 꽃보다 더 아름답다고 하지 않겠는가. 탐스러운 결실 또한 그렇지 아니한가?

이처럼 생명은 참으로 묘하다. 인간의 삶도 역시 노소(老小)를 막론하고 가치가 주어지는 것이다. 젊은이들에게만 아름답고 보람찬 나날이 있는 것이 아니다. 나같이 나이가 많은 자에게도 인생의 의미와 값진 삶을 얼마든지 누릴 수 있는 것이다. 문제는 인생의 조화로운 꿈이 얼마나 존재하고 있느냐에 달려 있다.

푸른 6월의 그늘 아래 나는 오늘도 나의 쉼터에서 조용히 눈을 감고 꿈을 가꾸어 본다. 그러면 어디에서 찾아드는지 기쁨이 마음에 가득하여 힘이 불끈 솟는다. 생명을 약동케 하는 기쁨이다. 젊은 시절에 가꾼 꿈은 야심찬 욕망과 의욕과 정열이 충만하다고 한다면 노년기의 꿈은 퍽 단란하고 아기자기하다고나 할까? 젊은 시절이든 노년기든 꿈을 가꾼다는 것은 어디까지나 청순한 것이며 내일을 위한 오늘의 인생을 꽃피게 하는 것이다.

그런데 꿈을 잘못 이해하고 있는 이들도 있나 보다. 특히 오늘날처럼 수단과 방법을 동원해서 자기의 목표를 기어이 이루어 내놓고는 그것이 꿈인 양 다 이뤘다고 말하는 자도 있다. 그는 자기의 만족을 채운 것이지 꿈을 이루어 낸 것은 결코 아니다. 꿈은 어디까지나 이상(理想)이기에 진리와 동행하는 것이요, 인격과 동반하는 것이다. 그런데도 진리를 가장한 아귀다툼으로 자기의 욕구를 이루어 놓고 출세인 양 으스대는 자들이 있는데 그 모습은 참으로 가관이다. 오늘의 사회를 이끌어 가는 이성(理性) 없는 엘리트들도 상당수에 이른다. 그런데도 이들은 이것을 자랑이라고 여기고 있으니 참으로 자기의 치부를 드러내는 일이 아닐 수 없다.

절대자인 신(神)이 보기에 아름다운 삶이 얼마나 보람된 일인가. 꿈을 가꾸어 가는 자연의 풍성한 6월의 녹음에서 결실이 보인다. 나는 이러한 성실한 꿈을 가꾸어 보고 싶다. 그러기에 오늘도 무성한 숲을 바라보고 있는지도 모른다.

본능의 정이 인정(人情) 나무라는 시대

요즘 길거리에서 애완용 개를 품에 안고 다니는 사람들을 나는 자주 본다. 뿐만 아니라 개와 입 맞추며 다니기도 하고 침대에서 함께 잠을 자기도 한다. 심지어는 개 장례식장도 마련하기도 하고 비석까지 세워주는 자들도 있다고 한다. 이같이 개를 지극히 사랑하는 사람들이 나날이 늘어가고 있다.

얼마 전의 일이다. 친구와 의논할 일이 있어 전날에 전화로 만날 약속을 하고 그 시간에 친구 집을 방문했다. 그때 친구는 얼굴에 수심이 가득한 채 애완용 개를 안고 급히 현관을 나오지 않는가. 나를 본 친구는 미안하네. "우리 뽀미가 위급해서 병원에 가니 내일 만나세." 하며 급히 차를 몰고 휙 가버렸다.

개 한 마리 가지고 저리도 허겁지겁 황망하게 굴까. 처음 보는 친구의 모습이라서인지 이상스럽게 느껴지기도 했다. 언제나 침착성을 잃지 않고 여유롭게 행동해 왔던 친구였는데 '오늘은 웬일일까? 나이 탓일까? 마음이 변했을까? 아니야, 그럴 친구가 아니야. 내가 오해한지도 몰라.' 이렇게 생각하면서 그의 가족에게 어느 가축병원에 갔느냐고 물어 그곳을 찾아갔다.

막 병원 문을 열고 들어섰는데 분위기가 너무 침통했다. 친구는 수의사에게 애원하듯 "어떻게든지 살려만 주세요." 하고 간절히 요청하지 않는가. 그런데도 수의사는 "어렵습니다." 하며 고개를 설레설레 저었다. 그리고는 "그리 사정을 하시니 원이나 없게 주사를 놓아드리지요" 하며 주사바늘을 개에게 꽂았다. 그 말에 고개를 땅에 떨구고 곧 울음을 터트릴 친구의 모습이다.

다 죽은 개를 품에 안고 가축병원을 나온 친구는 차 안에 오르기가 무섭게 그간 참아왔던 눈물을 터뜨리고 만다. 뽀미와 얼굴을 맞대고 괴로워하는 친구의 모습이다. 통곡이라도 하고 싶은 심정이라고나 할까? 몹시 마음 아파하는 그 모습은 필연코 개와 얽힌 곡진한 사연이 있는 듯했다. 나는 무어라 위로를 해야 할지 몰랐다. 무슨 개 한 마리 가지고 그리도 상심하느냐고 할 수도 없고 그렇다고 지나친 위로도 격에 맞지 않는 것 같아 잠자코 옆에 있었다.

친구는 침통한 얼굴로 무겁게 마음을 연다. "참으로 마음 아프네. 이 뽀미는 내 생명의 은견(恩犬)일세. 들어 보게나." 하며 말하는데 과연 그럴 만도 하다고 느껴졌다.

지금으로부터 5년 전, 어느 추운 겨울밤이었다고 한다. 그날은 유독 진눈깨비가 어지럽게 퍼붓는 밤이었는데 길거리에서 오랜만에 반가운 대학 동창을 만났다고 한다. 같은 학과 같은 하숙집에서 2년간 지냈던 친구라서 그간의 회포를 푸느라 코가 비뚤어지도록 술을 마시고 어둔 밤길을 혼자 집으로 돌아오는 참이었다 한다. 정신을 바짝 차려서인지 한길에서는 잘 왔으나 집 근처에 이르러서 그만 대문 몇 발짝 앞에서 정신을 놓고 쓰러지고 말았다 한다. 그 뒤 얼마간 시간이 지났는지 모르지만 정신이 가물가물하게 들 무렵이었다. 어느 누가 내 입에다 훈훈한 입김을 불어 넣는 것 같기도 하고 옷을 잡아 흔드는 것 같기도 하여 깨어 일어나 보니 우리 뽀미가 옆에서 옷을 물고 흔드는 것이 아닌가?

내 입과 코가 얼어붙어 숨쉬기 곤란할까 봐 내 코를 자기 혀로 핥고, 콧김으로 녹이고, 옷을 물어 흔들고 이렇게 계속 반복하면서 내가 깨어나기만을 애타게 기다리고 있었다 한다. 시계를 바라보니 그때가 밤 두시경이니까 아마 한 40분가량 뽀미는 주인인 나를 위해 그 혹독한 추위도 무릅쓰고 온 정성과 힘을 다 쏟음이 분명했다. 만일 뽀미가 아니었던들 내가 그 자리에서 동사(凍死)할 뻔했구나. 생각하니 너무도 고마워 뽀미를 안고 집에 돌아오는데 순간 잠이 들었는지 고개를 내 가슴에 의지하고 있었다. 쓰러져 있는 나를 깨우려고 얼마나 몸부림쳤으면 이리도 고달파 쉬 잠이 들었을까!

방에 들어와 보니 아내도 자식도 세상모르고 잠을 자고 있었다 한다. 물론 나를 기다리다가 자기도 모르는 사이에 잠이든 모양이겠지, 그렇게 생각을 하면서도 어쨌든 그날 밤만은 뽀미보다 못한 가족들이었다고 지난날을 생각하며 회포를 털어놓는 친구의 눈가에는 아직도 눈물이 고여 있었다.

이번 뽀미가 감기에 걸린 것도 내가 지난 12월 해외 출장을 갔다 15일 만에 집에 돌아오니 그동안 나를 기다리느라 밤낮없이 밖에서 서성이다가 몸이 약해져 이리되었다 한다. 그간 그렇게 맛있게 밥을 먹었던 뽀미가 내 출장 가던 이틀 후부터 입맛을 잃은 듯 겨우 할짝거리다가 그만두고 하루 내내 대문 앞에서 살다시피했다고 한다. 그런 모습을 본 집안 식구들은 뽀미에게 신경을 써 고기 국물에다 밥을 말아주기까지 했다 한다. 그런데도 할짝거리지도 않고 또다시 밖에 나가기에 방에 대려다 놓고 문을 잠그었더니 너무도 깽깽거려 하는 수 없이 몇 번 열어주곤 했던 것이 방과 밖의 온도 차가 심해 감기로 발병이 되어 죽게 되었다 한다. 참으로 안타깝다. 친구의 말처럼 뽀미는 생명의 은견(恩犬)이기에 친구의 심정을 충분히 헤아릴 만하다. 그러나 개가 주인을 위해 온갖 정성을 쏟는 것은 오직 본능이다.

나에게도 개와 얽힌 사연이 있었다. 내 총각시절 장가를 전제로 맞선을 보려고 떠나기 전 어머니에게 인사하고 있는 참이었다. 어디서 왔는지 우리집 강아지 케리는 진흙탕을 밟은 발로 반갑다는 듯 바짓가랑이 위에 오르는 바람에 깨끗이 차려 입은 양복이 흙탕물로 뒤범벅이 되었다. 옷을 갈아입을 시간도 없으려니와 불길한 예감에 화가 난 나는 그만 강아지 케리를 발길로 세차게 차버렸다. 3미터 앞으로 뚝 떨어진 케리는 깨갱하며 일어나 비틀거리다가 달아난다. 그 뒤부터 나를 보면 피하던가 아니면 으르릉거리는 표정으로 나를 응시할 뿐 예전같이 내 곁에 오지 않았다.

개는 자기를 사랑해 주는 주인에게는 뽀미처럼 목숨을 바쳐 충성을 다한다. 그러나 자기에게 해코지하는 자에게는 으르렁거리며 달려들거나 불리하면 달아난다. 이해도 없고, 참아주고 기다려주는 것도 없으며 자기 감정을 조절하지도 못한다. 더욱이나 이해하고 용서하는 등 폭넓은 사랑의 감정이 전혀 없다. 본능 그대로 행할 뿐이다.

오늘의 우리의 삶은 어떠한가. 깊이 되돌아보지 않을 수 없다. 본능의 정이 인정을 나무라는 시대가 되었으니 말이다.

사랑의 원천은 가정이다

사랑의 원천은 어디일까. 가정이 아닐까?

가정에서부터 사랑이 자연스럽게 흘러내려 가야 한다. 그런데 과연 우리의 현실은 그러한가. 마치 저수지의 물이 흘러넘쳐 평야를 골고루 적실 때 오곡백과가 풍성히 결실을 맺듯 우리의 사랑도 가정에서부터 사회와 국가와 인류로 번질 때 살맛나는 세상이 되는 것이다.

가정에는 사랑으로 응결되어 질서도 평화도 이루어진다. 부모 형제간에는 천륜(天倫)이 있어 넉넉히 생활을 하고 있다. 다시 말하여 절대자가 우리에게 베푼 천성으로 가정을 가정되게 하는 것이다. 이것이 전통적인 우리네 가정이 아닌가?

그런데 가정의 사랑은 본능적인 감정으로 충족되는 것은 아니다. 거기에는 반드시 올바른 교육을 통해 이루어진 이성과 윤리가 필요하다. 이것이 충만할 때 흐뭇한 마음으로 가족의 사랑을 느끼게 되는 것이다. 진정한 사랑의 의미를 터득하게 되는 것이다.

한 가족일지라도 사랑이 전달되지 아니하거나 잘못 이루어지면 미묘한 심리작용이 일어날 때가 있다. 그런데도 그러한 심정은 아랑곳하지 아니하고 무분별하게 사랑이란 미명 아래 밀어붙인다면 마음의 갈등이 일어나고 마침내는 가정의 불화가 초래된다.

특히 오늘날과 같이 사회가 급변하는 세태일수록 세대 간의 사고방식과 가치기준을 엄청나게 달리하는 시대에서는 분별없는 사랑보다는 교육을 통하여 이성과 윤리로 다져진 사랑이 세대 간의 벽을 넘는 길임을 절실히 느끼는 것이다.

자기의 자녀는 지극히 귀한 줄 알면서도 자녀교육만은 잘못시키는 일이 있다. 그리고 친구를 경쟁의 대상으로 여겨 적대시하는 일들을 흔히 볼 수 있다. 이러한 일들은 곧 자식의 장래를 망치게 하는 일임에도 부모는 부지불식중에 거침없이 자행하고 있기에 매우 안타깝다.

그 한 예로 늦잠을 잘 때 일찍 깨우는 일이 자식의 건강을 위하는 일이요, 명랑한 가족 분위기를 돕는 일임에도 늦잠 자게 하는 일이 사랑인 양 내버려 둔다든가, 집 안을 자기가 먼저 청소하는 일이 가족을 배려하는 마음이요, 사랑의 마음이며, 협동을 기르는 마음임에도 청소를 시키지 않는 일이라든지, 학교 성적이 나은 친구들을 향해서 '너는 속도 없니? 왜 그를 감싸고도니 그 애보다 네가 무엇이 모자라서 그러니? 어떻게든지 꼭 앞서야 해 알겠지.' 이렇게 당부까지 한다.

인격은 가정교육에서부터 형성되는 것이다. 그 한 예로 부모가 무심코 내뱉는 한마디, '너는 속도 없니'라는 말 속에는 격려보다는 시기, 질투, 미움이 서려 있고, '어떻게든지'란 말 속에는 어떤 수단과 방법을 가리지 말고 상대방을 기어이 이겨야 한다는 비장한 경쟁의식이 숨어 있다. 그러니 그 자식의 인격이 제대로 형성될 것이며, 그러한 인성이 모여 사는 사회와 세대는 과연 행복한 삶이라 할 수 있을까?

오늘의 심각한 문제는 사랑의 원천이 가정 내에서 막혀버린 것이다. 사랑의 샘물이 가정에서 사회로 자연스럽게 흘러야 하는데 그 배출구를 가정교육이 차단시키고만 셈이다. 그러기에 본래 자녀가 가지고 있는 마음마저도 가정이 사랑의 사해(死海)로 만들어 버리기에 그 기능을 발휘 못하는 것이다.

못내 안타깝다. 사랑이 메말라 버린 사회를 어디에 비유할까? 오늘의 미세먼지로 건강을 위협하는 삶과 같다고나 할까, 대형화재로 연기가 공기를 차단시켜 질식사를 일으키는 연기에 비유할까? 사랑이 차단된 가정, 사랑이 마비된 교육은 오직 죽음뿐이다.

왜 이 지경에 이르렀을까? 옛날에 비해 부모의 교육이 현격히 높아졌고 자식의 교육에 헌신하는 열의도 월등히 많아졌는데 자식들의 마음은 그리도 냉랭한가? 이는 참다운 인성교육에 기초를 두기보다는 오직 지식들의 지식교육에만 온 정력을 쏟고 있기 때문이라고 말함이 정확한 해답일 것이다. 오늘의 청문회에서 보듯이 인성교육이 없는 학식위주의 교육은 사회를 얼마나 혼란스럽게 만들고, 불안하게 만들고, 암담하게 이끌어가며, 결국에 자신은 물론 사회도 국가도 인류도 멸망으로 인도하는가?

'사람은 사랑 때문에 충만한 삶을 영위하고 있다.'고 말한 헤밍웨이의 의도를 곰곰이 생각하게 한다.

거짓말이 주는 의미

오늘은 왜 이리도 케케묵은 생각들이 떠오르는지 모르겠다.

내가 아주 어릴 때 듣고 자라온 옛날이야기들이라서 그간 까마득히 잊고 살아왔다. 그런데 어찌해서 엊그제 들은 것처럼 기억이 생생할까.

옛날에 어떤 과년한 처녀가 8세 어린 총각과 결혼했다. 결혼한 그해 어느 날이다. 시어머니가 밖에 나간 사이에 어린 남편이 아내의 치맛자락을 잡아 흔들며 떡을 해달라고 성가시게 굴었다. 어찌나 괴롭히던지 아내는 남편을 안아다가 돼지우리 지붕 위에 올려놓아 버렸다. 그런데 그때 공교롭게도 그 사나운 시어머니가 들어오다 아들을 보고 어찌 지붕 위에 올라갔느냐고 호통을 치며 다그친 음성으로 물었다.

며느리는 이제 죽었구나 싶어 근심에 싸였다. 그간 시어머니가 어린 남편에게 조금이라도 소홀히 하면 죽이려는 듯 혼냈기 때문이다. 이 일을 어찌하나, 마음을 졸이고 있는데 어린 남편이 깜찍하게도 어머니에게 하는 말이 "애호박이나 하나 따다가 밀가루 부침개나 해 먹을까 했더니 늙은 호박뿐이네." 하더란다. 이 말을 들은 아내는 "아이고, 내 남편" 하며 눈물을 흘렸다는 이야기다.

또 다른 이야기인데, 내가 어렸을 때 잔꾀가 많았던가 보다. 그래서인지 형들이 나에게 "박쥐 같은 놈"이라며 자주 꾸중을 했다. 그때는 무슨 말인지 전혀 몰랐는데 후일에 안 일이다.

어느 날 날짐승의 왕인 봉황(鳳凰)이 날짐승 회의를 소집했는데 박쥐가 나오지 않았다. 그래서 박쥐를 잡아다가 주리를 틀려고 형틀에 묶자 박쥐가 하는 말이 "제가 어찌 날짐승입니까? 깃털이 없는 날짐승도 있던가요?" 이렇게 항변하며, "나는 날짐승이 아닙니다."라고 변명했다. 봉황이 듣고 생각해 보니 과연 깃털이 없는 날짐승이 없었기에 박쥐를 풀어줬다.

그 뒤 또 길짐승들의 왕인 기린(麒麟)이 길짐승 회의를 열었다. 박쥐는 거기에도 참석치 않았다. 그러자 기린은 박쥐를 잡아 오라고 호통을 쳤다. 그때 끌려온 박쥐는 "내가 어찌 길짐승입니까? 길짐승치고 날아다니는 길짐승도 있던가요?" 하며 자기는 길짐승이 아니라고 했다. 기린이 듣고 따져 보니 그 말이 참으로 옳다고 여겨 돌려보냈다.

이 두 이야기에는 모두 거짓말이 들어 있다. 앞 이야기는 꼬마 신랑이 아내의 허물을 덮어주기 위해 어머니에게 한 거짓말인데 그 거짓말은 가정의 평화를 위한 것이요, 아내를 감동시켜 앞날의 밝은 미래가 열려지게 하는 거짓말이다. 두 번째 이야기는 홍만종(洪萬宗)의 「순오지(旬五志)」에 나오는 이야기로서 박쥐는 자기가 유리하도록 이리 빠지고 저리 피하며 이론만 내세우고 있다. 그로인해 순간은 모면할 수 있으나 결국은 얄팍한 자기 꾀로 더 큰 재앙을 불러들이는 결과를 일으키게 하는 거짓말이다.

거짓말은 진실이 아니므로 삼가야만 한다. 그렇지만 우리의 삶을 살다보면 어찌할 수 없는 경우도 있기에 앞에서 본 꼬마 신랑의 거짓말은 애교로 받아들일 수 있다. 그러나 뒤 박쥐의 거짓말은 결코 삼가야 한다. 그런데 도리어 횡행하고 있어 이 사회를 흐리게 하고 이성을 혼미하게 하고 있으니 큰일이다. 어찌 다 이 일들을 열거하겠는가?

특히 정치인은 국가와 국민을 이끌어 가는 자들이기에 무엇보다도 투철한 사상이 필요하다. 사상 없는 정치인은 사회를 혼란스럽게 하고 국가의 국운을 자초해왔다. 이 일들을 그간 우리들은 많이 보아왔지 않았는가? 그렇다면 '사상'이란 무얼까? 자기 자신이 옳다고 느껴질 뿐 아니라 국민 대다수가 옳다고 느껴진 그 생각을 위해 한 목숨을 기꺼이 바치는 신념이 올바른 사상이다. 이것 없이 정계에 뛰어든 자들은 '정치인'이라기보다는 자신의 집단과 개인의 방어만을 생각하는 파렴치한 시정잡배(市井雜輩)라 함이 어떨까. 국민들은 정치를 염려는 이유가 여기에 있다.

나는 사상을 생각할 때마다 제일 먼저 '윤봉길 의사'가 떠오른다.

다른 애국지사가 그분의 사상만 못하다는 것이 결코 아니다. 내가 초등학교에서 국사 시간에 배울 때 그분의 애국심을 가장 감명 깊게 공부했기 때문이다. 그분은 구학문(舊學問)과 신학문(新學問)을 고루 갖춘 유망한 25세의 청년이었다. 그는 당시 3·1운동의 실패로 민족의식이 좌절을 겪고, 희미해져 갈 때 민족의식을 다시 일으켜야겠다고 결심했다. 그러던 중 그는 1931년에 중국 상하이까지 점령한 일본은 히로히토 생일인 천장절(天長節)을 기해 이곳 홍커우공원에서 전승기념 축제를 연다는 말을 들었다. 그때 '윤봉길 의사'는 일본의 수뇌부를 처단하는 길만이 우리의 독립정신을 되살리는 길이라고 여겼다. 그는 폭탄을 준비했고 그것으로 거사를 성공시켰다. 바로 현장에서 체포된 윤 의사는 그의 재판장에서 그들의 질문에 유명한 말을 남겼다.

"내가 너희들의 수뇌부 몇 사람을 죽였다 하여 우리나라가 당장 독립이 되는 일이 아님을 나도 잘 알고 있다. 그러나 20년 혹은 30년 후에 연합군의 승리로 이루어질 때 살아 있는 애국애족의 정신이 반드시 우리나라를 독립의 나라로 이끌어 준다는 사실을 나는 확실히 믿는다. 그러기에 내 한목숨 기꺼이 조국을 위해 바치려고 한 일이다."

이 한 마디는 사상이 무엇인가를 만천하에 웅변해주고 있다.

오늘을 살아가는 우리의 현실은 참으로 답답하다 못해 암울하다. 윤봉길 의사 같은 사상가가 그립다. 그러기에 까마득하게 잊고 있었던 옛날 두 편의 거짓 이야기가 생각난 지도 모른다.

시원한 바다를 찾아왔건만

금년은 예년에 비해 무더위가 일찍부터 기승을 부린다. 삼복더위가 오기 전인데도 어지간히 기세를 부린 더위에 못 견디어 하는 수 없이 집에서 가까운 인천 앞 바다를 찾았다. 낯익은 바다이건만 어찌해서 예전처럼 정답지 못할까? 참으로 시원한 저 바닷바람이 옷깃에 젖은 땀을 씻어 주건만 심호흡을 아무리 해도 왜 마음이 탁 트이지 아니한가.

끝없이 출렁이는 저 바다 푸른 물결은 어느새 성난 파도를 일으킨다. 그러다가도 언제 그랬느냐는 듯이 또다시 고요한 안식을 마련하려는 듯 잔잔해지고 있다. 이러한 바다의 기복을 바라보는 동안 우리 의식에서 사라질 수 없는 잔인한 세월호 대참사의 슬픔이 마음으로 이어진다. 국가의 재난방지시스템이 허술하여 최소한으로 막을 수 있는 것을 대형사고로 이어지게 했기에 전 국민의 복받치는 슬픔은 마침내 분노의 가슴으로 응어리지게 했다. 이 충격으로 온 나라가 몸살을 앓게 되었고 이에 정부는 반성과 사과를 끝없이 했다.

그런데도 세월호 침몰 이후 사고와 재난은 계속되고 있었다. 그 이유가 무얼까? 반성과 사과가 진정이 아니고 순간을 모면하려는 것임을 우리에게 보여주고 있는 증거다. 근본 문제가 해결되어야 한다. 지금 정부의 의식이 새롭게 달라져야 한다. 지금의 낡은 의식으로는 어떠한 경우일지라도 국가의 미래도 개인의 장래도 없다. 오직 한 치의 앞을 내다볼 수 없는 칠흑 같은 암흑이 있을 뿐이라고 우리에게 엄히 경고해 주고 있는 것이다.

그렇다. 우리 사회 곳곳에서 일어난 부정과 부패, 이기심의 온상이 부실한 사회를 낳았고 마침내는 세월호 침몰로 이루어졌다. 그 대가로 죄 없는 어린 학생들이 죽음으로 몰아넣었으니 얼마나 통탄할 일인가. 아! ~ 얼마나 가슴 아픈 참극의 현장이었던가? 이것을 어느 누가 부인할 수 있으며 또 누군들 여기서 자유로울 수 있을까?

이런 생각을 하다 보니 말없이 옷깃에 눈물이 볼을 타고 흘러내린다. 사랑하는 자식을 잃고 하염없이 흐르는 그 피눈물을 닦아 주지 못하고 있는데 어느 누가 나의 눈물을 닦아 주겠는가? 사고가 난 지 두 달이 넘은 오늘까지 찾지 못하는 십이 명의 실종자 가족들의 심정은 또한 어떠하겠는가?

벼랑에 부딪히는 파도, 철썩이는 바닷물 소리는 허공에 사라지는데, 아! ~ 어떠한 힘이, 어린 학생들에게 고향과 집과 부모를 빼앗아 버리게 했고 부모의 마음에 통곡을 가져다주었는가? 돌아올 줄 모르는 자식이건만 문소리만 들려도 돌아오나! 손꼽아 기다리게 하는 부모의 심정, 하늘에서 반짝이는 별빛마저 애련한 몸짓으로 보이는 그 눈길은 얼마나 애달프고 억울한 심정일까? 이런 생각들이 꼬리를 물고 이어진다.

그러나 세월은 무심히 흘러만 간다. 이승과 저승의 거리가 너무도 멀어 한 번 가버린 자식들은 부모가 그리워해도 돌아올 줄 모르고, 애타게 목 놓아 불러도 대답이 없다. 끝끝내 아무런 반응이 없이 허공의 메아리만 슬프게 울려 퍼진다. 그렇다. 천륜이 무엇인지 끝없이 흐르는 세월인데도 진도체육관과 팽목항을 떠나지 못하고 부모들이 매일같이 통곡의 밤을 지새우고 있다.

어쩌면 좋을까. 이미 세상을 떠난 자식의 영혼은 아마 이승의 부모를 바라보면서 안식을 취하지 못하고 끝내는 구천을 맴돌며 부모를 애처롭게 바라보는 신세가 되지 않을까? 그렇게 된다면 큰일이다. 아무리 그리워도 잊어야 한다. 그간의 괴로움과 치밀어 오르는 분노가 하늘을 찌른다 할지라도 그러나 자식의 영혼의 안식을 위해서라도 이젠 모든 것을 잊어야 한다. 그리고 다시는 이 땅에 이런 비극이 되풀이되지 않기 위하여 우리 모두가 참회의 눈물로 탄탄한 대책을 강구해야 한다.

지금 바다는 하늘과 맞닿은 그 짙푸른 가슴으로 우리 곁에 다가오고 있다. 그런데 내 발 앞에는 소라껍질 하나가 놓여 있다. 그 소라껍질은 나에게 무어라 하소연이라도 하려는 듯 보인다. 그러기에 그것을 주워 온기 있는 나의 손으로 꽉 쥐고 조용히 마음의 귀를 기울여 본다. 그때였다. 태고의 음향처럼 속삭이듯 들리는 원시의 소리가 있었다. '다 죽은 듯 보이지만 나에겐 아직도 생명이 있다.' 고 심연으로 들리는 그 소리였다.

긍정도 부정도 할 수 없는 상태에서 나는 영혼의 문제를 생각해 본다. 그리고는 눈을 지그시 감았다. 그러면 주르르 흐르는 눈물과 함께 여전히 파도소리가 귓가에 들리고 그날의 모습이 생생히 되살아나는 지금 이 시간이다.

*주: 『수필과 비평』(2014년 8월호) 「다시 읽는 이달의 문제작」
평설자: 송명희 교수. (한국문학 이론과 비평 학회회장 역임)

섬김

오늘은 몹시 한가한 토요일 오후 한나절이다. 그래서인지 아주 어렸을 때 부르던 동요 가사가 입가에 흥얼거려진다.

강물은 흘러 흘러/ 어디로 가나/ 넓은 세상 보고 싶어/ 바다로 간다

어릴 때는 가사의 의미는 전혀 생각지도 않고 목청껏 불렀다. 초등학교 입학하기 전에 막내 누님으로부터 배워 불렀던 노래라서 초등학교에 입학해서 고운 목소리로 자주 불렀다. 그러면 반 친구들이 모여들고 노래를 마치면 잘 부른다고 박수를 많이 보냈다. 그런데 오늘은 가사 내용을 깊이 생각해 보며 흥얼거리다 보니 내가 가사처럼 그렇게 살아왔던가? 지난날을 되돌아보는 자성의 시간이 되었다.

노랫말처럼 깊은 산속, 한 가닥의 가느다란 물줄기가 샘물처럼 솟

아 계곡을 따라 흐르는 동안 돌멩이에 부딪히면 찢기고 바위를 만나면 갈라지는 아픔을 수없이 견디면서 흐르고 흐르는 것이다. 그러다가 폭포에 이르면 산산이 부서지는 처절함도 감내한다. 그러한 모든 과정을 거치면서 계곡의 물은 강을 만나고 넓은 세상을 보려고 또 바다로 흘러간다. 이것이 물줄기의 근원에서부터 대해(大海)에 이르기까지의 과정이다.

바다에 이르면 더 이상 흐를 곳이 없다. 그렇다고 머무르거나 그치는 것이 아니다. 수증기로 변하여 높은 하늘에 오른다. 그것은 구름이 되어 또다시 하늘을 흐르는 것이다. 그러다가 가뭄에 시달리고 목말라 애타는 땅에게 단비로 내려 모든 생물들을 살려내고 더 나아가 풍요를 이루는 것이다.

이러한 자연의 원리가 인간의 삶에도 그대로 적용이 되어 이루어지고 있다. 우리가 품은 원대한 이상과 실현도 이 자연의 원리와 무관하지 않다. 돌멩이에 부딪혀도 인내하지 못하고 실의에 잠기는 자가 있고 바위와 폭포를 만나면 의기를 잃고 좌절하는 자도 많다. 그러나 모든 난관을 극복하며 넓은 세상이 그리워 강과 바다로 의연히 물은 흐르는 것과 같이 인생도 한 치의 변함이 없다.

바다에 이르면 더 이상 흐를 곳이 없다. 그러기에 거기서 안주하려고 한다. 그러나 태양은 그대로 놔주지 않듯이 인간의 욕망 역시 끝이 없는 자도 있다. 거기에 만족하지 않고 바닷물을 또다시 수증기로 변하여 하늘에 오르게 한다. 하늘에 오르는 과정은 자신을 태워 수증기로 만드는 과정이니 그 얼마나 고역이겠는가? 그럼에도 역경을 끝까지 인내할 때 높은 하늘에 이르는 것이다. 이것이 우리의 기백과 기상으로 이룩된 이상과 실현이다.

이상은 과연 무언가? 섬김의 자세가 아닌가. 물은 한결같이 아래로, 또 아래로 흐를 때 넓은 바다에 이른다. 이렇듯 낮은 자리에서 이웃과 사회를 계속 섬기려는 마음 자세가 이루어질 때 이상이 실현화된다. 섬김은 그것으로 그치지 않는다. 마치 바닷물이 수증기가 되어 하늘을 떠돌다가 목말라 애타게 몸부림치는 생물들에게 새 생명의 생수로 임한다. 이같이 섬김은 뭇 생명들을 살려내는 역할을 하지 않는가!

조선 건국의 송축가인 「용비어천가」를 보라. 그러한 웅대한 뜻이 담겨 있지 않는가? 거기에 나타난 경천근민(敬天勤民)이란 용어가 바로 그것이다. 하늘을 공경하고 백성을 부지런히 다스리란 말인데 그 의미는 자연의 원리를 깊이 깨달아 그 뜻을 존중하라는 의미다. 이는 곧 섬김의 자세요, 이상의 원리가 아닌가.

나는 지금 조용히 이런 생각에 잠기면서 어릴 때 부르던 이 노랫말의 의미를 다시 한번 깊이 생각해 본다. 일찍이 깨달아 생활화했더라면 지금쯤은 얼마나 풍부한 인생이었겠는가. 나는 지금부터라도 넓은 세상을 거닐고 싶다. 넓은 마음의 소유자가 되고 싶다. 하늘처럼 높은 마음, 바다처럼 넓고 깊은 생각, 그러한 삶을 살고 싶다. 마음의 울타리를 모두 헐어 놓고 맑은 공기를 마시듯 사랑의 마음으로 내 주변 사람들을 섬기며 사는 그러한 삶을 살고 싶다. 너무 소중한 이 시간이다.

2

음지(陰地)가 있으면 양지(陽地)도 있는데

가장 행복했던 그 시절

사월의 대지는 온갖 꽃으로 별천지를 이루고 있다. 더욱이나 푸르른 하늘이 우리 머리 위에 있으니 오늘 주말 오후 한가로움이야말로 정말이지 생명의 활력을 되찾는 보배로운 시간이다. 이러한 때, 나는 멍하니 휴식만 취할 것인가. 그럴 순 없다. 이런 생각을 하는 참인데 불현듯 떠오르는 생각이 있다. '지금까지 살아온 나의 삶 중에서 가장 행복했던 시절이 과연 어느 때였을까.' 자문자답해보는 것도 진정 값진 시간이라 여겨진다. 오늘같이 꽃잔치로 마음이 즐겁고 편안한 시간이기에 지난날 회상에 잠기게 하는지도 모른다.

나는 깊은 명상에 잠겨본다. 일체의 상념을 떨쳐버리고 조용한 마음으로 되돌아가 지나온 나날 중에서 가장 행복했던 시절을 더듬어본다. 여기서 말하는 행복의 조건이란 과연 무엇일까. 돈일까, 지위일까, 명예일까, 학벌일까, 건강일까. 이 모두 행복의 조건을 이루는 요소들임에 틀림이 없다. 그러나 행복은 주관적이어서 사람마다 그의 기준과 의미는 조금씩 다르다. 어떤 사람은 돈과 건강을 택할 것이요, 어떤 이는 사회적 지위나 명예를 최고의 행복의 조건으로 택할 것이다. 그러나 이것들이 평생토록 행복감을 느끼게 할 수 있을 것인가.

조용히 생각해 볼수록 내 학창시절, 꿈을 이루려고 발버둥쳤던 인내의 시절이 일생 중 가장 행복했던 시절로 느껴진다. 그 시절은 정말이지 지긋지긋한 가난의 몸부림에서 헤어날 길을 찾느라 몸 저리는 고통이 있었지만 꿈을 이루기 위한 숭고한 의욕은 하늘을 찌를 듯했다. 그때가 6·25 동란 직후라서 서울은 잿더미가 되었고 시골에서는 초근목피(草根木皮)로 생계를 이어야만 하는 처절한 가난의 상황이었다. 당시 이승만 초대 대통령마저 "현재 처한 이 가난은 정부에서도 막을 길이 없다."고 탄식했기 때문이다. 그야말로 뼈마디 쑤시는 처절한 가난이었다. 일 년 GNP가 겨우 50불 정도였으니 국가 예산의 70%를 외국 원조에 의존해야만 했다.

현실은 이같이 암담했다. 그럼에도 좌절하거나 죽을 수는 없었다. 비록 극심한 가난이 나를 엄습했을지라도 내겐 오직 피 끓는 젊음이 용솟음치고 있었다. 그러기에 내가 존재하는 것이고 미래가 나를 부르는 것이 아닌가. 일어서자. 꿈이 나를 부른다. 나는 주먹을 쥐고 일어났다. 그때다. 내 눈앞에 멀리서 가까이서 아롱거리는 것이 꿈의 영상인 것 같은데 형체는 보이지 않고 힘이 불끈 솟아오른다. 무엇이 그럴까? 이것을 보고 희망이 용솟음친다고 하는 건가. 나의 존재 가치를 처음 발견하는 그 순간인지도 모른다.

1956년 내 중학교 3학년 신문 배달할 때의 일이다. 그때가 겨울이라서 전날부터 눈이 내리고 쌓였다. 새벽 4시경에 신문을 배달할 때에는 천지를 분간할 수 없으리만큼 눈이 쌓이고 또 휘몰아치고 있었다. 당시 신작로(新作路)라서 도로 양옆의 하수구에는 덮개가 없었기에 눈이 쌓일 때면 어디가 도로요, 어디가 하수구인지 분간할 수 없었다. 나는 퍽 조심스럽게 길을 가다가 그만 하수구에 푹 빠지고 말았다. 그러나 그때가 꼭두새벽이라서 길가는 사람이 아무도 없었고 고함을 친다 해도 세차게 불어 젖히는 바람 소리에 묻혀 들릴 리 없었다.

들고 있던 신문을 도로 쪽에 던져 놓고 팔을 벌리니 겨드랑 밑, 몸은 완전히 눈 속에 빠져 있는 상태였고 발등은 밑바닥에 흐르는 물로 흠뻑 젖어 있었다. 10여 분가량 허우적거리다가 겨우 도로로 빠져나왔다. 몸은 몹시 피로했고 발은 얼음물에 잠긴 듯 시렸다. 발이 떨어져 나갈 듯, 동상이 걸린 듯했지만 별도리가 없었다. 이런 어려움 없이 내가 어찌 중학교에 다닐 수가 있겠고 꿈을 이룰 수가 있을까란 생각을 하며 어서 가자. 신문을 옆에 낀 채 또다시 주먹을 쥐고 눈길을 헤치면서 뛰고 또 뛰었다.

그날 밤 정말 꿈같은 일이 있었다. 잠자리에 막 누우려는 참인데 그 순간 영상인지 환상인지 분간할 수 없지만 내 눈앞에 어리었다. '왜 이리도 헛것이 보이는가.'라고 생각하는 순간 그 영상이 또렷하게 보이지 않는가.

'아늑하고 포근한 응접실 안이다. 그곳에는 편안한 소파와 안락의자가 놓여 있었다. 거기에 한 40대로 보이는 그가 편안한 의자에 몸을 기대고 앉아 신문을 펼쳐 보고 있는 멋진 신사의 모습이 보였다.'

과연 저분이 누굴까. 하고 바라보는 순간 나는 깜짝 놀랐다. 저 모습이 바로 미래의 나의 모습이란 생각이 들었기 때문이다. 정말일까? 나의 미래의 모습이 저리도 멋질까? 순간 감격의 눈물이 주르륵 흐른다. 비록 환상도 좋고 상상도 좋다. 환상이면 어떻고 상상이라면 어떠냐. 내 미래의 삶의 모습이 저리도 행복한데. 분명하고 똑똑히 보여준 나의 미래의 삶. 몇 초간이라 할까, 길어야 30초도 못 되는 짤막한 그 순간이다, 그날 밤은 도저히 잠을 이룰 수 없었다. 너무도 거짓말처럼 분명하고 톡톡하게 보여준 미래의 나의 삶이었기 때문이다. 몇 십 년이 흐른 지금도 엊그제같이 느껴진 그 영상이다.

돈이 없어 중학교에 진학을 못하고 학비가 저렴한 중학과정을 이수하는 고등공민학교에 나는 입학했다. 그 학교에서 고등학교에 진학하려면 중학과정 검정고시에 합격해야 했고 그 후 고등학교에서 실시하는 입학시험에 합격해야 비로소 진학이 가능했다. 나는 두 시험에 모두 합격했으나 입학할 등록금이 없어 진학을 다음 해로 미루고 1년간 공장에서 허드렛일을 하는 직공생활을 통해 얻은 그 돈으로 고등학교에 입학, 졸업했고 대학교와 대학원에서 국어국문학 석사학위까지 받았다.

지금도 젊은 날 그 꿈을 가꾸던 시절을 종종 회상해 본다. 특히 내 나이 열 살 되던 그해 십이월 일 일부터 학비를 마련하기 위해 신문 배달을 시작했던 일에서부터 경희대학교 대학원에서 학위를 받기까지 그 과정을 지금도 종종 떠올려 보곤 한다. 그중 가장 선명하게 떠오른 것은 중학교 3학년 시절 꼭두새벽 신문 배달을 하다가 하수구에 빠져 허우적거리던 일, 그날 밤 잠자리에 들기 직전에 환상으로 내 미래를 봤을 때 주먹을 불끈 쥔 그 결심은 내 인생의 최고의 행복이었다. 비록 처참하리만큼 가난에 시달렸고 뼈를 깎는 아픔의 시간이었지만 꿈을 이루려는 그 지혜와 번득이는 용기는 천금을 주고도 살 수 없는 귀한 가치가 아닌가?

나는 행복한 사람이다. 물질이 풍부해서도 아니고 안락한 환경이 주어졌음도 아니다. 한결같이 평범하게 살아왔지만 남에게 손가락질 받을 만큼 험한 삶도 살지 아니했다고 스스로 자부한다. 그러나 그것은 남들이 그렇게 평을 해주어야 하지 않겠는가. 그저 내게 주어진 인생의 무게를 남에게 의지하지 아니하고 스스로 감당해 왔지만 그러나 내일 일은 모르지 않겠는가. 지금 외모는 젊었을 때에 비해 초췌하다. 얼굴의 주름도 많고 활기도 줄어들었다. 그렇다 해서 내 인격마저도 추하게 살고 싶지 않기에 매일같이 기도하면서 마음을 정돈하고 있다. 속사람이 강건할 때 행복한 삶이 아닌가.

아름다운 부부(夫婦) 이야기

우리는 흔히 본처를 조강지처(糟糠之妻)라 한다. 이 말은 중국 고전 후한서(後漢書) 송홍전(宋弘傳)에 나오는 말로써 어려움을 함께 나눈 처라는 뜻이다. 여기에 아름다운 부부 이야기가 있다.

중국의 한나라 광무제(光武帝)는 단 하나밖에 없는 누이동생이 청상과부가 되어 늘 쓸쓸하게 지내고 있었다. 이를 본 광무제는 내가 한나라의 황제인데 어찌 누이동생을 행복하게 해줄 수는 없을까? 이렇게 생각한 나머지 하루는 동생인 공주를 불렀다.

"너 재가(再嫁)할 의향이 있느냐?"

"……"

"예, 있습니다."

"그러면 재가할 대상이 누구냐?"

"송재상(宋宰相)입니다."

"그 외에는 없느냐?"

"……"

"예, 그분 외에는 재가할 의사가 없습니다."

이 말을 들은 광무제는 고민이 되지 않을 수 없었다. 송 재상은 어느 부부 못지않게 금실이 좋은데 그런 화목한 가정을 파괴시키면서까지 누이동생과 결혼시킬 수는 없기 때문이다. 그래서 고민하고 있는 참인데 아무 영문도 모른 송 재상이 광무제를 찾아왔다.

"무슨 일이기에 이리도 고민이 깊으십니까? 신(臣)에게 말씀해 주십시오. 제 목숨을 바쳐 그 고민을 풀어드리겠습니다."라고 세 차례나 찾아가 이같이 충성을 다짐하며 고민상을 간청했으나 광무제는 차마 입을 열지 못하고 재상이 몰라도 될 일이니 그리 아시고 정사(政事)를 잘 살피십시오. 이렇게 말하자 이에 송 재상은 결심한 듯 그런 표정으로

"이같이 고민을 말씀해 주시지 아니하심은 신(臣)을 믿지 못하심인데 어찌 재상 자리를 지키고만 있겠습니까? 물러나려 하오니 윤허하여 주시옵소서."

이 말을 들은 광무제는 송 재상 앞으로 다가와 그의 손을 꽉 붙잡고,

"재상에게 할 말을 못해서 그러한데 그게 무슨 말이오."

"……"

"정이나 내 고민상을 듣고 싶단 말이오."

하며 누이동생이 한 말을 모두 털어놓았다. 이 말을 듣고 있던 재상은 침울한 표정으로 침묵이 계속되고 있었다. 이에 광무제는 제상

의 의사를 알았으니 이제 나아가 정사를 보라고 했다. 송 재상은 무겁게 입을 열어 다음과 같이 말을 했다.

"糟糠之妻 不下當(조강지처, 불하당) 이요, 貧賤之交 不可忘(빈천지교, 불가망)이라."

이 말은 '가난 때문에 온갖 어려움을 함께 나눈 아내인데 어찌하여 마당 아래로 내쫓을 수 있으며, 빈곤하고 천할 때 사귄 친구를 죽은 들 어찌 잊겠습니까. 이 말을 남기고 재상직에서 물러났다. 이에 광무제는 송 재상에게 그러지 말고 계속 관직에 있어 줄 것을 간곡히 권유했으나 끝내 사직하고 말았다.

"신(臣)이 황제의 명을 거역했으니 사약을 내리심도 마땅할 뿐 아니라, '목숨을 다해 충성하겠노라고 맹세했던 소신이니 이 또한 죽어도 마땅합니다. 그런데도 하해같이 베풀어 주신 그 은혜에 소신은 감당할 수 없습니다."

이 말을 남기고 물러난 송 재상은 향리로 내려가 선산 뒤를 일구어 농민의 생활로 여생을 마쳤다 한다.

부부의 의를 지키기 위하여 부귀영화를 다 버리고 왕명까지 거역했던 송 재상의 본명은 송홍(宋弘)이었다. 홍은 어린 시절에 너무도 가난했다. 비록 귀족으로 태어나긴 했으나 일찍이 조실부모했기에 끼니조차 어려운 실정이라서 장가는 엄두도 내지 못했다. 그렇다고 과거마저 포기할 수 없었다.

중국 한나라에는 나이 15세가 넘으면 과거를 볼 자격을 잃게 된다. 그 이유에 대해서는 『송홍전』에 기록된 바 없기에 단정하기 어려우나 추측컨대 '15세는 사춘기 시기라서 이성의 그리움으로 잡스러운 생각이 많이 들기 마련이라 양반으로서 체모를 떨어뜨리는 일이 되므로 법으로 강하게 규제해 놓은 것이 아닌가 여겨진다. 어쨌든 그 법을 어길 수는 없었다. 우리나라에서도 조선시대에 그러했다. 그 하나의 예로 9대 성종대왕 차남 진성대군이 12세(중종반정 이후 연산이 폐위되고 중종이 됨) 때 신(愼) 씨(후일 단경왕후) 13세와 결혼하였다. 이같이 조혼하게 된 이유는 앞에서 말한 이성에 대한 그리움을 피하기 위함이었다고 한다.

하루는 홍이 열심히 글을 읽다가 문득 생각해 보니 자기 나이가 열다섯이다. 그날이 동짓달 스무 이튿날이니 이제 한 달 팔 일만 지나면 과거도 볼 수 없게 되겠다. 이렇게 생각하니 그동안 꿈꾸었던 과거의 이상이 와르르 무너진 것 같았다. 하는 수 없이 이웃 친척을 찾아가 장가들 것을 말했고 그해 섣달 초닷새 날 이웃 마을 가난한 열아홉 노처녀와 정화수(井華水)를 떠놓고 혼례식을 올렸다. 이때부터 가난한 자들은 '정화수'를 떠 놓고 혼례식을 올리는 풍습이 있었지 않았나 싶다.

결혼한 지 삼일째 되던 날, 새색시인 아내는 조심스럽게 신랑을 찾아와 말했다.

"이제부터는 제가 가정을 도맡을 터이니 가사에 조금도 신경을 쓰지 마시고 책 읽기를 더욱 부지런히 하십시오."

이렇게 간청한 뒤부터 10여 년을 하루같이 낮에는 남의 집 품팔이로, 밤에는 길쌈으로 남편이 글을 읽는데 불편함이 없도록 온갖 정성을 다했다. 시집온 해부터 가뭄으로 흉년이 거듭된 관계로 당시는 품삯을 돈이나 곡식 대신에 지게미와 겨로 주었기에 송홍 부부는 수년간 지게미와 겨를 먹고 살았다. 그래서 지게미 조(糟) 자와 겨강(糠) 자를 써서 조강지처(糟糠之妻)라고 했다.

과거를 보는 날 아침이었다. 그간 아내의 노고가 눈앞에 쫙 펼쳐지는 순간, 그는 고요히 눈을 감았다. 그리고 눈을 뜨는 순간 과제가 펼쳐졌다. 과제에 따라 글을 써 가는데 다른 과객들처럼 머리로 쓰지 아니하고 그는 가슴으로 글을 썼다. 드디어 발표 때 가보니 장원급제가 되었고 그 후 광무제에게 두터운 인정을 받아 재상에 이르게 된 것이다.

후한서 『송홍전』을 생각할 때마다 내 맞선볼 당시 아내에게 한 약속이 생각난다. 내가 장가를 들려고 맞선을 볼 때 나이가 30세이었으니 당시는 노총각이었다. 처녀(지금의 아내) 집에 찾아가 마주 앉기는 했으나 그는 아무 말이 없었다. 그냥 돌아오려다가 너무도 민망스럽게 여길까 봐 내 대학교 시절에 읽었던 중국 고전인 『송홍전』을 들려주고 나오려 했다.

이야기를 모두 마친 뒤 "나는 송홍과 같은 사람이 되겠다"고 약속했다. 그리고 홍의 부인과 같은 분을 아내로 맞이했으면 참 좋겠다고 내 뜻을 말한 뒤 곧 일어서려 하니까 "벌써 가시게요?" 하지 않는가.

송홍전은 맞선을 성사시켰고 결혼에까지 이르게 해주었으니 부부인연의 끈이라고 해도 좋지 않을까 생각된다. 결혼 후 어느 날이다.

왜 맞선 볼 당시 아무 말이 없었느냐고 했더니 꼭 그 말을 들어야 하겠느냐고 하면서 당신을 외모로 볼 때 이상향과 너무도 거리가 멀기에 그냥 돌아가 달라는 의미였다고 속마음을 다 털어놓았다. 그러면서 피식 웃지 않는가.

지금은 아내가 내 마음의 향기가 되어 주기에 퍽 고맙다. 이렇게 말하면 어느 누군가가 나더러 칠푼 인생이라 말할지 모르겠다. 그러나 칠푼 인생도 좋고, 팔 푼 인생도 좋다. 나 역시 결혼할 당시는 가난했기에 노총각이란 말을 들어왔는데 나를 믿어준 관계로 금년 우리가 결혼한 지 꼭 50년이 된 해이다. 참으로 지난 세월은 정말이지 가슴 아픈 사연도 절절했지만, 모두 참고 이겨내 준 아내의 고마운 마음을 잊을 수 없다. 지난 세월을 돌이켜볼 때마다 정말이지 귀하고 가치 있게만 느껴진다.

막내 누님 구순 생신을 축하하며

오늘은 누님의 9순 생신을 축하라도 하듯 먼동이 틀 때부터 유난히 날씨가 맑았다. 어제만 해도 미세먼지로 온통 뒤덮여 가까운 건물일지라도 희미하게 보였건만 오늘은 유난히도 청명한 날씨이라서 햇살이 찬란했다. 어쩌면 절대자도 누님의 생신을 축하하기 위해 베푼 날씨인지도 모른다. 이스라엘 민족이 가나안 복지를 향할 때 밤에는 불기둥 낮에는 구름기둥으로 하나님께서 인도하신 것처럼 말이다.

축하연(祝賀宴)이 펼쳐진 2019년 11월 3일 이곳 강남 포스코빌딩 19층 휘닉스에는 가족과 친족 30여 명이 모인 자리였다. 조카 희원은 하연(賀宴)의 서두에서 "하말순 여사, 우리 어머니의 약력을 소개하겠습니다. 지금으로부터 68년 전 아버지 이선열 의학 박사님과 결혼하시어 누나 희영, 저 희원, 여동생 희옥, 희진 1남 3녀를 나셨습니다. 저희들은 모두 성장하여 결혼하였고 부모님께 걱정 끼쳐드리지 않도록 생활하고 있습니다.”

이같이 소개를 마친 뒤 그간 부모님의 생애를 간추려 설명해 주었다. 그리고는 “저희들은 부모님을 존경합니다. 어릴 때부터 부모님의 삶을 통해 많은 것을 보고 배워왔기 때문입니다. 이러한 조카의 말을 듣는 동안, 며칠 전 수원 누님으로부터 들었던 이야기가 지금 막 떠오른다. 누님은 어려운 가정을 돕기 위해서 별도로 통장을 만들어 놓고 매달에 부은 돈으로 아무도 모르게 어려운 이웃을 돕기도 하고 학비가 없어 학업을 포기해야만 했던 학생들에게 희망을 안겨 준 일이 많았다고 하셨다.

나는 생각해 보았다. 매부님과 누님이 그간 그렇게 덕을 베풀며 살아오셨기에 조카들이 반듯한 인품으로 구김살 없이 살아가는구나. 같은 형제자매이면서도 왜 나는 이제껏 그 훌륭한 누님의 삶을 이제야 알았을까. 옛말에 ‘덕(德)은 감출 수 없다.’고 했는데 누님의 삶이 그러했다. 참으로 도타운 정이니 얼마나 흐뭇한 삶인가?

지금 이 순간 어머니 말씀이 떠오른다. 너는 어릴 때 누님으로부터 많은 사랑을 받고 자랐다. 그러니 그 은혜 꼭 잊지 말고 살아야 한다고 하셨다. 정말이지 어머니 말씀이 틀림이 없다. 나는 어릴 때 울보였다고 하니 누님이 나를 안고 얼마나 어르고 달래었을까. 나와 누님과의 연령 차이는 11살이니 충분히 그러고도 남음이 있었다. 내 나이 너덧 살 될 무렵 간단한 버선쯤은 곱게 만들어 신겨 주기도 했단다. 그만큼 솜씨가 있었고 얌전했다고 하셨다. 또 내가 예닐곱 살 되었을 때에는 누님이 정읍고녀 재학 중이었기 때문에 같은 반 친구 집에 갈 때마다 항상 내 손을 꼭 잡고 다녔기에 누님 친구들에게도 많은 사랑을 받았다.

동요인 「고향 생각」, 「오빠 생각」, 「고향의 봄」 등 많은 노래를 가르쳐 주셨다. 그리고는 출가하셨기에 내 초등학교 저학년 때에는 몹시 쓸쓸한 생활 속에서 누님이 가르쳐준 「고향 생각」을 늘 불렀다.

> 해는 져서 어두운 데 찾아오는 사람 없어/ 밝은 달만 쳐다보니 외롭기 한이 없다/ 내 동무 어디 두고 이 홀로 앉아서/ 이 일 저 일만 생각하니 눈물만 흐른다.

이 노래가 초등학교 저학년 때는 나의 지정곡이었는데 여기에 얽힌 일화가 있다. 내 2학년 때의 일이다. 당시에는 초등학교마다 1년에 한 차례씩 학예회가 열렸다. 우리 반 담임인 이순녀 선생님은 나에게 「고향생각」으로 학예회에 학급대표로 나가 부르라고 하시기에 방과 후면 남아서 담임 선생님은 풍금을 치고 나는 그 풍금 소리에 맞추어 노래를 불렀다. 그런데 반드시 틀린 데가 한 군데 있었다. 노래 3연 첫 행에 '내 동무 어디 두고'를 '내 누님 어디 두고' "나 홀로 앉아서 이 일 저 일만 생각하니 눈물만 흐른다."로 불렀다. "왜 그렇게 부르느냐? 가사에 맞추어 불러야지." 여러 번 꾸중을 듣고도 오래도록 그렇게 불러온 터라 습관이 되어 영 고치기가 어려웠다.

드디어 학예회 날이었다. 담임 선생님은 귀가 따갑도록 가사에 맞춰 부르라고 당부하시면서 무대로 내보냈다. 그런데도 나는 워낙 긴장해서인지 내 '동무'를 여전히 내 '누님'으로 불렀다. 이때 교장 선생님은 어떻게 지도했기에 가사도 틀리느냐고 담임 선생님을 꾸짖었다. 아무 말 없이 눈물만 툭툭 떨어트리는 모습을 보고 죄책감에서 나도 그만 그 자리에서 울었다.

학예회가 끝난 다음 날이다. 담임 선생님께서는 나를 조용히 부르셨다. 그리고는 시집간 누님이 그렇게 보고 싶으냐고 물으셨다. 예 하고 대답하니까, 어떻게 보고 싶은지 구체적으로 말해보라 하셨다. "마음이 텅 빈 것 같아요, 그래서 늘 쓸쓸한 마음이 들어요, 우리 누님도 선생님으로 계시다가 시집가셨어요." "어느 학교에 계셨지?" "부안 주산국민학교에요. 그런데 몇 학년 담임을 하셨는지는 잘 모르겠어요." "나도 너만 한 동생이 있었단다. 지금은 하늘나라에 있지만," 하시며 눈시울을 붉히셨다. 잠시 후 말을 다시 이어 "네가 누님을 생각하는 마음이 지극하기에 고마운 마음으로 그간 너를 바라보았단다." 이렇게 말씀하신 선생님의 목소리는 여전히 울음 섞인 음성이었다.

어느덧 어린 시절이 다 지나고 누님은 벌써 90세가 되고 난 79세가 되었다. 참으로 세월은 빠르다. 세월이 흐르면 흐를수록 세상 모든 것은 낡아지고 헤어져 못 쓰게 된다. 그러나 혈육의 정(情)만은 다르다. 가정에는 엄격한 육법전서와 같은 법령이 없어도 세월이 지나면 지날수록 보고 싶고 그리워지고, 기다려지고, 아쉬워지는 것이 아닌가?

오늘 기념식장에 나란히 앉아 계신 누님과 매부의 얼굴을 유심(幽

深)히 바라보았다. 퍽이나 인자하신 매부님의 모습과 성실하신 누님의 얼굴이다. 인자하심과 성실하신 얼굴은 거저 주어지는 것이 아니다. 부단히 생활 속에서 갈고 닦아온 심전경작(心田耕作)의 결실이요 인격의 소산이다. 부디 두 분은 건강하시어 천수를 누리소서. 이렇게 마음으로 빌어 본다.

금혼식이 주는 의미와 가치

우리 부부가 결혼한 지 어언 50년이 되었다. 결코 짧지 아니한 반 세기 동안, 우리 부부는 어떻게 살아왔을까 되돌아보게 하는 이 시간이다. 전 세계가 코로나19로 심한 몸살을 앓고 있어 국가마다 입국을 크게 제한했기에 외국 여행은 꿈도 꿀 수 없다.

그래서 국내 '속초'로 행선지를 정해놓고 코로나가 다소 고개를 숙일 때까지 기다렸다. 요즘 속초행 버스 승객들이 어느 정도인지를 알아봤다. 버스 한 대당 5~6명에 불과하다는 말에 승용차보다 대중교통을 이용하는 편이 훨씬 낫다고 여겼다. 거기까지 운전하고 가려면 몸도 신경도 말이 아닐 정도로 지칠 것을 생각하여 11월 23일 월요일 부천에서 11시 10분 속초행 버스에 올랐다. 말대로 버스에 탄 승객이 5명뿐이라서 널찍한 공간이다. 그런데도 마스크를 써야만 승차할 수 있으니 얼마나 코로나가 심각한 상황인지를 구체적으로 말해주고 있다.

호텔에 도착하여 여정을 푸는데 너무 조용했다. 그 큰 호텔에 불과 몇 실밖에 투숙객이 없었다. 코로나19로 인해 '방콕'이란 신조어가 실감나게 했다. 방에 콕 박혀 산다는 뜻이니 밖에 나다닌다는 것이 얼마나 불안한가를 입증해 주고 있다. 호텔 사장 역시 직접 객실에 찾아다니며 철저히 소독을 잘해 놓았으니 안심하시고 편이 쉬시라는 친절한 한마디는 투숙객들에게 안심을 시켜주었다.

정말 조용한 숙소였다. 이렇게 아늑한 곳에서 일상의 모든 것을 다 잊고 4일 동안 우리 부부만의 휴식공간이라 생각하니 마냥 자식들이 고맙게 느껴진다. 원래는 열흘간 계획을 세웠으나 자식들이 너무 위험하니 체류 기간을 줄이면 좋겠다고 간청하기에 일정을 조정했다. 영국에 사는 딸은 온라인을 통해 호텔을 예약해 주었고, 큰딸과 큰아들은 경비 일체를 부담했으며 막내아들은 용돈을 두둑이 주어 넉넉히 쓰고도 남음이 있었다.

그곳 영랑호와 습지생태공원 등 여러 곳을 구경도 했지만 주로 동해가에서 많은 시간을 보냈다. 물론 낭만이 출렁이는 곳이라서 그러했겠지만 그간 우리의 삶이 너무 각박했든지 가슴이 탁 트인 바다가 더 마음을 사로잡았기 때문이다.

바다는 태초의 음향과 원시의 본연의 자태를 그대로 보여주고 있다. 억겁(億劫)의 오랜 세월을 두고 지구의 수없이 많은 물줄기들이 강을 통하여 바다에 흘러왔건만 조금도 넘치거나 불을 줄 모르는 바다의 가슴이 얼마나 넓으면 저러할까? 그 신비로운 자태를 바라보는 동안 나의 가슴이 참으로 폭 좁게 느껴져 그간 살아온 날들을 되돌아봤다. 무언가를 위해 끊임없이 걸어왔건만 지난날 살아온 길마저도 덧없이 걸어온 나그네처럼 느껴져 까닭 모를 서글픔과 아쉬움이 밀려오는 시간이다. 마치 초췌한 나의 모습이 한낱 그림자처럼 살아져 가고 있는 것을 상상해 보면서 지난날을 반성해 보는 좋은 기회가 되었다.

지금 동해바다는 하늘과 맞닿은 채 그 짙푸른 가슴을 열고 나를 반기는 듯했고 철썩이는 파도는 나에게 손짓이라도 하는 듯했다. 지금 바다가 나의 존재를 인정해 주면서 내게 와서 배우라는 의미일까. 태고로부터 오늘에 이르기까지 수없는 기복의 역사를 간직해 왔고 인간의 희로애락의 삶을 겪어 왔던 바다이기에 나에게 가르칠 것도, 할 말도 많을 것이 아닌가. 이런 생각을 하며 수평선 저 너머까지 끝없이 바라보았다.

그런데도 여전히 침묵으로 일관하지 않는가? 방금 전의 생각은 오직 나 스스로 바라보는 마음일까. 나는 포기할 수 없었다. 때 쓰는 심정으로 바다인 당신의 큰 뜻을 알기 전에는 일어서지 않겠습니다. 꼭 알려주십시오, 보여주십시오. 수많은 숨결 중에서 한 계시(啓示)만이라도 깨닫게 해주세요. 간절히 염원하고 있을 때였다. 그 순간이다. 철썩이는 파도가 바위에 부딪치면서 흰 거품을 일으키는데 그중 한 방울이 나의 뺨에 부딪힌다. 정신이 반짝 들면서 무엇을 일깨워 줌일까. 우연한 것이라 보기엔 너무 신비할 정도가 아닌가. 너는 나의 깊은 뜻을 헤아려 보지 않겠느냐는 뜻으로 받아들여져 한없이 넓은 바다의 가슴을 헤아려 봤다.

너는 금혼식(金婚式)에 이르기까지 그간 어떻게 살아왔냐? 조용히 생각해 보라는 의미가 아닐까. 여겨지기에 지난날 결혼 이후의 삶을 조용히 회고해 봤다. 당시의 우리의 삶은 기쁨보다는 눈물이 더 많은 70년대의 가난의 시대 속에서 살아왔다. 이는 우리의 삶이 결코 평탄하지 않았음을 의미한다. 그러나 그러한 삶이라 해서 반드시 불행한 것만은 아니다.

쉘러의 말처럼 "참된 슬픔엔 참된 기쁨이 있고 참된 미움엔 참된 사랑이 있다."고 했다. 이것이 인생에 있어서 겪어야 할 삶의 과정이다. 슬픔과 기쁨, 그리고 미움과 사랑, 괴로움과 역경이 항상 존재하는 것이 우리가 겪어야 할 삶의 과정이다. 인간의 삶이란 참으로 오묘한 것이 아닌가? 어찌 보면 괴변인 듯 여겨지나 이러한 삶이 아니라면 발전도 있을 수 없지 않았을까? 이런 생각을 하면서 자리에서 일어났다.

지금 바다는 잔잔하다. 파도도 자고, 바람도 자고 모든 것이 잠이 들 시간이기에 고요한 바다인가 보다. 시간과 공간을 초월한 무한량의 속삭임을 주는 바다일지라도 나의 눈에는 피로에 젖은 안색이 낙조에 물들어 퍼져만 가는 순간같이 느껴진다. 조용히 안식을 마련해 주려고 절대자는 밤을 재촉하고 있는지도 모르겠다. 피로에 젖은 몸을 편히 쉬도록 밤을 창조해 준 그 섭리를 생각하며 일어나 숙소에 이르렀다.

밤은 생명을 일으키는 아름다운 시간이다. 눈물겨운 삶의 고통을 다시 일으키는 시간도 밤이요, 고단한 몸을 편안히 쉬게 하는 시간도 밤이니 밤은 안식을 주지 않는가. 그런가 하면 밤이 주는 서정은 수정같이 맑고 청순하여 행복감을 일깨워 주는 밤이기도 하다. 인류의 번창함도 따지고 보면 밤의 서정이 아닌가. 참으로 귀한 밤이요 영원의 질서가 숨 쉬고 싹트는 생명의 밤이다.

이러한 질서 속에 우리 부부는 지금까지 고난의 기복을 헤치며 반백 년을 살아왔다. 그러기에 오늘 기쁨을 맞이한 것이 아닌가. 대단한 의미와 가치를 지닌 금혼식의 날을 맞이한 것이다. 정말 뜻깊은 날이기에 나는 조용히 눈을 감고 지난날을 또다시 회상해 본다. 회상해 보면 볼수록 숱한 고난을 잘 참고 견디어 온 나날들이 퍽 보람되게 느껴진다.

어떻게 살아야 할 것인가

연전(年前)의 일이었다. 그날이 3월 중순 한가한 토요일 오후였다. 편안한 마음으로 읽던 책을 잠시 덮어두고 창밖을 바라보았다. 그때 어디서 왔는지 공사판 트럭이 7호선 지하철역 공사장에서 흙을 가득 싣고 뿌연 연기를 일으키며 또다시 어디론가 사라져 버린다.

사람이 살고 있다는 것은 트럭이 지나갈 때처럼 먼지를 일으키는 일이 아닐까. 그런데 잠시 후면 언제 그러했느냐는 듯이 먼지는 아무것도 남긴 바 없이 또다시 흙으로 돌아가고 만다. 이같이 흔적 없이 사라지듯 우리 인생의 여정도 끝나고 나면 언제 그러했느냐는 듯이 먼지처럼 쉬 사라지고 그간 해왔던 모두 일들마저 까마득하게 잊어버린다.

이것이 인생이다. '육체는 풀과 같고 영광은 풀의 꽃과 같다.(벧전 1:24)'는 성경 구절이 떠오른다. 너무도 소중한 말씀이다. '인생이 지극히 짧고 그중에서 영광의 날이 한순간에 지나지 못하다는 말이니 사는 날 동안 잘 살아야 한다는 경고의 메시지다. 얼마나 마음을 여미게 하며 지난날 살아온 과정을 뒤돌아보게 하는가?

잘사는 것이 무엇을 말함인가? 아귀다툼으로 물질을 풍족히 모아 권세를 누리는 삶일까. 가난한 이웃을 위해 자신의 생을 헌신하며 사는 삶일까. 아니며 권력을 부리며 으스대며 살아가는 삶일까. 내 나이 80을 넘도록 살아오는 동안 무수한 삶을 보았다. 돈 때문에 악해지는 인간도 봤고 권력 때문에 타락하는 자들도 봤다. 또 어떤 사람은 얼굴이 곱기 때문에 스스로 불행해지는 자도 봤고 자만하다가 몰락하는 자들도 봤다. 차라리 그렇게 살 바에는 이름 없는 야생화처럼 묵묵히 살다가 이 세상을 마치는 것이 훨씬 더 행복한 삶이 아닐까?

'어떻게 살아야 할 것인가.' 이 문제의 해답을 얻지 못한다면 큰일이다. 나는 기독교인이라서인지 영적인 건강이 육체의 건강 못지않게 중요하다고 여겨진다. 인간의 생명은 영과 육으로 결합되어 있다. 육체는 영혼과 결합될 때 인간의 삶이 시작되고 육체에서 영혼이 떠나면 죽음이 온다는 사실을 누구나 잘 알고 있다.

오늘의 세상은 어떠한가? 물질만능주의로 가득 차 있다. 물질이면 모든 것이 다 해결될 양 생활하고 있다. 이것이 현실이다. 이러한 현실에 묻혀서 생활하다 보니 나도 모르는 사이에 영적 세계가 죽어가고 있지나 않을까 염려된다. 내 생활을 지배하고 있는 물질은 육적일 뿐 영적인 세계에서는 도움이 되지 못하기에 하는 말이다. 그렇다고 현실생활을 무시할 수 없기에 나의 고뇌가 여기에 있고 삶의 문제가 여기에 있다.

다시 살펴보자 '육체는 풀과 같고 영광은 풀의 꽃과 같다.' 풀의 싱싱함과 꽃의 아름다움이 얼마나 오래 가는가. 우리 인생도 영원한 선상에서 본다면 한갓 꽃에 불과하다. 그중에서 인생의 영광에 비유한 꽃은 한순간에 지나지 못하니 말이다. '꽃은 십일 홍'이란 말이 있다. 그만큼 인생이 짧다는 말이다.

사람이란 강한 것 같으면서도 약한 존재다. 무슨 위경에 처하면 어리둥절해지기도 하고 슬픔이 찾아오면 방황하기도 하며, 절망의 늪에서 허우적거릴 때는 어찌할 바를 모르기도 한다. 인간은 그만큼 나약한 존재다. 인류 역사가 시작되면서부터 오늘에 이르기까지 종교가 절대성을 지니며 인간의 역사를 이끌어 온 것도 원래 인간의 의지가 약하기 때문이다. 이에 부인할 자가 있겠는가. 그렇게 강하게 주장해 왔던 무신론자들마저도 죽음에 이르러서는 허무를 느낀다. 무엇 때문일까?

우리의 생명이 하루하루 위대한 힘 앞에 조금씩 침식되어 가고 있다. 미지의 세계로 한 치 두 치 깎여 들어가고 있다. 이것을 생각할 때마다 가슴 저려 옴을 느낀다. 우리들이 그렇게 마음 다하여 사랑하는 가족도, 공들여 세운 탑도, 애써 모아둔 소유도 모두 고스란히 놓아둔 채 피안으로 살아진다. 누가 여기서 자유로울 수 있을까?

우리의 생명이 다하기 전에 준비해야 한다. 영혼의 문제도 준비해야 하고 그간 살아온 흔적도 남겨야 한다. 그러기 위해서 나는 글을 쓰고 있는지도 모른다. 몇 십 년이 흘러도 우리 후손들과 한자리에 앉아서 인생을 놓고 도란도란 정답게 이야기를 나눌 수 있는 그런 글을 쓰고 싶어 오늘도 글을 쓰고 있는지도 모른다. 진솔한 나의 삶의 모습을 한 자 한 자 새겨 놓듯 글을 쓰고 있는지도 모른다.

가을의 정취

가을이 가슴속으로 소리 없이 젖어 들고 있다. 천둥과 비바람이 스치고 간 비 갠 이튿날 아침은 유난히도 파아란 하늘로 일렁이고 있다. 엊그제까지만 해도 답답한 가슴인 양 먹구름이 온 하늘을 뒤덮인 채 굵은 빗줄기가 쏟아지더니 오늘은 언제 그러했느냐는 듯이 한낮의 불볕더위가 30도를 오르내리고 있다. 맑게 갠 가을하늘에는 천심(天心)이 스며 있나 보다. 들판의 곡식들은 뙤약볕으로 알알이 여물어 가려고 안간힘을 쓰고 있고 모든 과일들은 단맛을 내려고 태양과 최후의 담판을 내고 있다.

그런데 웬일일까? 오늘 사 온 수박은 씹는 맛이 현격하게 다르다. 왜 이리도 떨어질까? 올 여름철 내가 먹었던 수박은 당분도 많고 수분함량도 많아 여름 갈증을 해소시킨 데는 그만이었는데 오늘 사 온 수박은 맛이 덜하다. 어찌 이러지? 겉모양은 조금도 다름이 없는

데 '왜 이리도 맛이 다를까?' 혼잣말로 중얼거렸더니 아내는 "과일도 제철을 넘겨 수확하면 그 맛을 잃지요." 하지 않는가? 이 말을 듣고 보니 벌써 여름이 가고 가을로 접어들었단 말로 들려 얼른 달력을 바라보니 입추도 지난 지 어언 30일이 넘었다.

모든 곡식도 제철에 맞추어 수확해야만 가장 맛있고 영양가가 높다고 한다. 이것이 순수한 자연의 이법이다. 이러한 자연의 이법이 우리의 의식 또는 무의식 속에서도 많은 영향을 받고 있다. 가을을 사색의 계절이요, 독서의 계절이라고 일컫는다. 이는 그만큼 우리의 의식이 내면의 세계로 향하고 있다는 증거다. 데카르트가 "나는 생각한다. 고로 나는 존재한다." 말한 계절도 아마 가을이 아니었는가 생각해 본다.

우리의 현실을 보라. 나날이 강퍅해져 가는 인심인데도 인간의 마음이 악랄해지지 아니하고 우리 사회 곳곳에서 아름다운 미담이 훈훈하게 지속되어 가고 있음은 무엇 때문일까? 자연의 미(美), 자연의 오묘한 섭리에서 배워온 인간의 심리라 여겨진다. 봄날의 새싹은 얼마나 싱그러우며, 꽃들의 피어남이 얼마나 생동한가. 여름철의 녹음은 또한 어떠하며, 알알이 여물어 가는 과일과 곡식은 우리의 마음을 얼마나 풍요롭게 하는가. 그것뿐인가? 겨울의 백설은 우리의 심리를 깨끗하게 하고 동장군의 한파는 우리의 삶의 자세를 일깨워 주고 있다.

그뿐인가. 요즘 KBS에서 방영되는 「걸어서 세계 속으로」를 시청하다 보면 자연의 오묘함에 나도 모르게 감탄이 저절로 흘러나온다.

이러한 비경이 우리가 사는 지구 곳곳이란 말인가. 그러기에 최첨단 과학이 아무리 자연을 정복하려 해도 그 이치를 벗어날 수 없고 우리의 영원한 고향인 자연의 품속을 떠날 수 없다. 그러니 인간은 자연에서 배워야 하고 자연 그대로를 터득할 수밖에 없다. 참으로 억세고 악랄했던 우리의 마음도 자연 품속에서 살다 보니 하나하나 정화되어 자연의 뜻을 닮아 가는가 보다.

얼마 전의 일이다. 알파고의 지능이 인간의 지능을 능가했다고 얼마나 걱정했는지 모른다. 그러나 그것은 하나만 알고 둘은 모른다는 이야기다. 알파고의 지능은 무한대의 지능이 아니라 한계가 있는 지능이다. 그러기에 끊임없이 거기에 입력해야 한다. 그러나 인간의 고유한 정신세계는 결코 그 무엇도 지배할 수 없다. 영적인 세계까지 통하는 것이 인간의 지혜다. 그 오묘한 감성을 그 무엇이 따를 수 있겠는가? 정말이지 불가능한 일이다. 그러기에 인류 종말이 오기 전에는 자연의 위대한 이법과 인간의 성정은 한 치의 변함도 없고 그러기에 만물의 영장은 곧 인간일 뿐 그 무엇도 될 수 없다. 성경에 의하면 "하나님은 우리 인간에게 복을 주며 이르시되 생육하고 번성하여 땅에 충만하라. 땅을 정복하라 바다의 물고기와 공중의 새와 땅에 움직이는 모든 생물을 다스리라(창 1:28)"고 했다. 절대자의 말이다.

그렇게 무덥던 여름은 가고 서늘한 가을이 문턱을 넘어섰다. 이제 머지않아 하늘이 높고 말이 살찐다는 천고마비(天高馬肥)를 실감할 때가 지금 있다. 비록 한낮의 더위는 온몸을 휘감아 하루의 피곤을 씻어내질 못하겠지만 그러나 조석으로 불어오는 가을의 소슬바람은 한없이 치솟는 욕망을 일으켜 의욕을 충만케 할 것이다. 역시 가을이 아니고선 맛보기 어려운 그 체험 곧 가을의 정취다. 이것은 우리의 마음을 거울처럼 맑게 순화시켜 줄 것이다. 이러한 계절을 맞아 자연이 주는 가을의 교훈을 나는 성실히 배우고 싶다.

가로수 밑을 걸으면서

연일 비가 내렸던 탓인지 오늘은 맑은 햇살이 온 천지에 가득하다. 티 없이 맑은 가을 하늘이다. 유별하리만큼 높푸른 하늘이라서인지 가로수 잎은 더할 수 없으리만큼 단풍이 붉게 물들어 있다. 그 정경이 어찌 내 눈앞에 이리도 곱고 아름답게 보이는가.

마지막 한 생명이 활활 타오르는 듯한 가로수 단풍을 그냥 그대로 스칠 수가 없어 잠시 가던 길을 멈추고 물끄러미 바라보았다. 언젠가는 자연으로 돌아갈 나의 인생의 최후도 저처럼 곱고 아름답게 장식해봤으면 얼마나 좋을까. 이런 생각을 해보며 가로수 단풍을 바라보는 마음은 더 깊은 생각에 잠긴다.

그 무덥던 여름, 짙푸른 녹음이 온 대지를 출렁이게 하더니 이젠 뜨겁고 화려한 꿈으로 엮어낸 단풍이 되어 한 잎 두 잎 떨어지고 있었다. 이것을 바라보고 있노라니 언뜻 호머의 말이 떠올랐다. “사람은 나뭇잎과도 같은 것, 가을바람이 땅에 낡은 잎을 뿌리면 봄은 다시 새로운 잎으로 숲을 덮는다." 이 얼마나 진솔한 인생의 표현일까.

오늘날 인간이 아무리 자연을 정복하려 해도 자연의 이치는 한 치도 변함이 없는 것이요, 우리는 어느 땐가 자연의 품으로 돌아가는 것이다. 그러기에 인간의 영원한 보금자리인 자연을 동경하고 있는 것이 아닐까.

뜨겁고 화려하게 타오르는 단풍, 최후를 불꽃처럼 곱게 물든 단풍잎은 어쩌면 자연이 엮어낸 꿈의 세계인지도 모른다. 그 꿈이 있기에 우리는 자연을 동경하며 억만년 동안 살아오지 아니했는가. 그러나 오욕칠정에 물든 인간이 어찌 순수한 자연을 닮아갈 수 있으랴?

그간 우리의 죄악된 삶을 돌이켜보면 '소돔과 고모라 성'처럼 멸망하지 아니한 것이 퍽 다행이다. 그렇게 퇴폐하고 삭막해진 오늘 우리의 삶임에도 그러나 어딘지 모르게 우리의 마음속에 오아시스처럼 넉넉한 인심이 솟아나는 것은 오직 자연에서 배워온 것이 아닐까? 인간의 본성이 아름다운 것도 그리고 아름다워지려는 마음가짐도 모두 자연의 미(美)에서 연유된 것이요, 성실한 모습도 자연의 섭리와 이치에서 터득한 것이리라.

막 피어오른 어린 속잎이 성장해서 오늘의 낙엽에 이르기까지 그 과정을 조용히 살펴보면 결코 순탄한 것이 아니다. 한기 서린 이른 봄, 꽁꽁 얼어버린 지각이나 표피를 뚫고 그 연약한 새순이 돋아나는 것도 힘겨웠다. 그런데 서설이 내리고 모진 한파가 몰아닥쳐 시달릴 때에도 끝끝내 버텨온 나날들, 그것뿐인가? 휘몰아치는 태풍과

폭우로 간신히 매달려온 잎인데 또다시 한여름의 뙤약볕으로 곤욕을 다 겪은 이파리의 모습은 아닌가? 이런 고단함 중에서도 탄소동화 작용을 일으키는 이파리의 임무를 잊지 않고 성실히 이행하고 있는 것이 자연의 원리다.

나는 단풍을 바라본다. 금년은 참으로 곱고 아름답다. 그러나 어느 해는 그렇지 못할 때도 있다. 이상기온으로 비바람이 몰아쳐 시달리고 나면 그해 단풍의 색깔은 곱지 않다. 그렇다고 해서 전체가 다 그러한 것은 아니다. 단풍의 절정 시기만은 모두 곱고 아름답다. 그러나 그 기간이 몹시 짧을 뿐이다. 짧든 길든 단풍이 곱다는 것은 자기 임무를 성실히 수행하여 유종의 미를 거두려는 그들의 몸부림이다. 이것이 인생의 과정과 무엇이 다른가? 자연은 어떠한 경우일지라도 최후까지 견디며 자기 임무를 완수하는 것이다.

나의 마음속에 자연의 마음이 도사리고 있을까. 비바람이 몰아치고 구름이 태양을 가릴지라도 밝은 태양을 맞이할 그때까지 묵묵히 기다리는 여유로움과 성실함이 있을까. 단풍이 최후를 장식할 수 있었던 자연의 이치를 다시 한번 되새기면서 오늘도 가로수 밑을 걷는다.

그뿐인가. 수천 년 전 신라시대 승려인 월명사도 먼저 세상을 떠난 누이동생의 명복을 비는 제망매가(祭亡妹歌)에서 이렇게 노래하였다.

한 가지에 태어난 잎도 먼저 떨어지는 것을….

가슴 아픈 사연으로 보내는 애처로운 마음

누이동생과 사별했던 날이 엊그제가 아닌데 이토록 가슴 아플까? 모든 사람들은 세월이 지나면 점차 잊혀 간다는데 나는 왜 이럴까. 막상 이 세상과 영원히 하직하는 그날은 이별의 슬픔보다는 이 세상에서 누리지 못했던 온갖 기쁨을 천국에서만은 꼭 맘껏 누리며 행복한 시간을 맞이하게 해 달라고 하나님께 간절히 기도를 하지 않았던가.

그도 그럴 것이 누이동생이 해방직전인 1944년에 태어나 2년쯤 지날 그 무렵에 돌림병인 피부질환 마마병으로 많은 사람들이 죽어 갔다. 그러나 누이동생은 그 질병과 싸워 이겨내기는 했으나 너무 독한 약을 처방받아 복용했기에 육체는 정상이나 뇌기능의 일부가 손상되어 때와 시기를 분간하지 못할 뿐 아니라 무엇이 옳고 그른지를 잘 분별하질 못했다. 이렇게 장애인이 되어 한평생을 살았으니 얼마나 인간 대접을 받으며 살아왔겠는가. 성년이 되어 출가를 시켜야 하겠기에 비록 어둑한 동생이지만 지극히 건강한 총각과 결혼을 시켰다.

남편의 사랑을 받으며 딸 둘을 낳는데 그들 역시 성장하여 모두 출가를 했다. 큰딸은 어느 누구 못지않도록 얼굴도 예쁘고 똑똑했다. 그 조카사위는 농협직원으로 근무하다가 퇴직하여 농사에 필요한 농기구를 제작 판매하는 회사를 차려 놓고 경영했다. 큰조카는 자기 어머니에게 잘하는 시집 친척들을 뽑아 직원으로 채용했다. 조카의 지혜로운 관계 속에서 이루어졌기에 부족한 누이동생이지만 그들로 하여금 사랑을 받으며 생활해 오다가 연전에 남편을 저세상에 먼저 보내고 뒤이어 이번에 사별을 맞이하게 된 것이다.

과연 어느 누가 누이동생에게 그러한 삶을 살도록 인생의 짐을 지어 주었을까? 그리고 어느 누가 조카에게 모녀의 관계로 짝을 맺어 주었을까? 이러한 일련의 문제에 대하여 과학의 극치를 이룬 현대문명에서도 그 근본 원리를 명확하게 해명할 수 없고 철학으로도 그 원리를 규명할 수 없는 것이 오늘의 현실이다. 그렇다고 무속 인들이 말하는 '부모와 자식의 관계를 신이 점지해 주었다는 막연한 말 외에는 논리적으로 증명하지 못하고 있다. 이같이 절대자만이 그 해답을 손에 쥐고 있기에 한 치의 앞을 내다보지 못한 많은 사람들은 팔자타령을 해가며 사는 지도 모른다. 그러기에 고대부터 오늘의 과학문명에 이르기까지 인간의 운명을 오직 종교에 의존할 수밖에 없는 실정이다.

누이동생의 삶만 봐도 그렇다. 원하지도 바라지도 않았던 장애인의 삶이 한평생 이어졌으니 그 삶이 얼마나 가련했겠는가? 그러한 삶 속에서도 남편의 사랑을 받았고 큰딸의 지극한 효심을 받았다. 또 주위 사람들에게도 어떠한 이유에서든 괄시를 받지 아니하고 사랑을 받았다. 정상인이라 해도 눈물로 한을 달래는 자가 얼마나 많은가? 그들보다는 그런대로 큰 불편 없이 생활해 왔음을 위안 삼을 수밖에 없었다. 다만 코로나19로 인하여 병원에서 철저히 면회를 통제하는 관계로 그간 가보지 못한 것이 퍽 아쉬움으로 남아 있다.

지난해 11월 5일 밤 9시 반경 큰조카로부터 급한 전화가 왔다. 어머니가 위급하시다는 전화를 받고 제가 지금 병원에 가고 있는 중입니다. 인천과 정읍의 거리관계도 있으니 지금 오지 마시고 삼촌, 빨리 기도해주세요. 어머니가 이렇게 가시면 안 됩니다. 그간 너무 불쌍히 사셨습니다. "외삼촌! 외삼촌!" 하며 통곡이라도 하듯 울음 섞인 음성이 들리는 순간이다. 갑자기 마음에 격랑을 일으킨 듯 거세게 밀려오는 슬픔이다. 누이동생이 태어난 이후부터 한 번도 인생의 희로애락의 감정을 맘껏 나타내 보이지도 못하고 생을 마감했으니 너무도 애처로워 마음 둘 곳이 없다.

그다음 날, 영전에 놓인 영정사진을 바라보며 '동생!' 하고 생존 때처럼 다정하게 마음으로 불러봤다. 그랬더니 어디선가 '오빠 왔어, 언니와 조카들도 오고, 오빠, 연희가 내게 참 잘해주어. 정말 고마워. 오빠도 칭찬을 해주지, 잘한다고.' 이렇게 말하면서 약간 미소진 표정으로 나를 바라보는 생존의 모습이 지금 막 눈앞에 어른거린 듯하다. 참으로 아쉽고 서러운 이 시간이다. 이처럼 불귀의 객이 되다니 지금은 너무도 허전한 순간이다. 인생이 무상함을 실감하는 이 시간이다.

조문객들이 끊임없이 찾아오기에 빈소에 더 이상 앉아 있을 수도 없다. 코로나19가 좀 뜸해서인지 예전과는 좀 다르다. 딸과 사위 덕분에 가는 날까지 사랑을 받으며 떠나는구나 이렇게 생각해 보며 서운함을 달래보기도 했다.

지금 정막이 깃든 고요한 시간이다. 자정이 훨씬 넘은 시간이라서 침실에 누워 잠을 청해 봤다. 그러나 잠이 오지 않을 것 같아 옷을 다시 입고 밖으로 나갔다. 밤하늘의 별들은 말없이 나를 바라보며 반짝이고 있다. 어쩌면 누이동생의 영혼이 저처럼 어디선가 영롱한 눈빛으로 나를 바라보고 있는 것 같았다. 그런데도 여전히 쓸쓸함이 휘감는 밤이요, 비록 눈보라가 치는 밤은 아닐지라도 몹시 시린 가슴이라서 다시 빈소에 돌아왔다. 그리고는 영정 사진을 물끄러미 바라보며 지난날을 회상해 봤다.

너무도 가슴 아픈 사연으로 보내는 애처로운 마음이라서인지 지그시 입술을 깨무는 순간 또다시 어릴 때부터 그늘진 인생으로 살아온 누이동생의 나날들이 어쩌면 이리도 명명하게 떠오르는지 눈시울이 뜨거워 돌아서 눈물을 훔쳤다. 그러면서 얼마 후 천국에서 다시 만날 것을 약속하며 발길을 돌렸다.

첫인상에 얽힌 일화

지금으로부터 50여 년 전의 일이다.

내 총각시절, 결혼을 전제로 선배의 소개를 받아 맞선을 보았는데 그녀는 잠시 마음에 머물렀다가 내게 상처만 남겨주고 떠나버렸다. 그런데 왜 그녀가 이 순간 얼굴이 떠오른단 말인가. 그때의 일들이 이리도 잊히지 않고 뇌리에 남아 있는가. 나 자신도 의심스럽다.

별로 예쁘지도 아니한 얼굴, 시골 중학교를 졸업하여 가사를 돌보는 그녀였다. 그렇지만 어딘지 모르게 당당한 기품이 넘쳐흐르는 듯 자신감에 차 있는 모습이었다. 야무진 그 얼굴, 어깨선 위로 약간 늘어뜨린 머리카락은 윤기마저 자르르 흘러 건강미를 보여주고 있었다. 요란스러운 액세서리도, 값진 장식도 찾아볼 수 없는 수수한 본래의 모습인데도 깨끗한 피부며 시원스럽게 뽑아 올린 목선의 미는 한결 돋보였다. 의상 역시 그러하다. 단정한 옷차림일 뿐 멋을 부리기 위한 흔적이 전혀 없다.

더욱이나 정성을 다한 마음으로 맞선에 임하는 그녀의 태도, 어딘지 모르게 약간 수줍은 듯한 그 모습, 노총각의 눈으로는 모두 곱게만 보였다. 어디를 보나 낮은 학벌과 그리 추켜세울 만한 미모가 전혀 없는데도 그것만으로 그를 평가할 수 없는 그윽한 정신적 세계가 깃들어 있는 듯했다. 그래서 다음 날 만날 것을 약속하고 헤어졌다.

두 번째 만날 때는 퍽이나 다정한 사이처럼 서로 인사를 주고받았다. 그녀는 나에게 자기의 첫인상을 어떻게 보았느냐고 물어왔다. 나는 그날의 인상을 솔직하게 말해 주었다.

"쌀밥 같은 인상이지요."라고 말했더니만 그녀는 내가 말한 뜻을 자세히 알고 싶었는지, "좋은 뜻으로 받아들여야 할까요?" 하고 묻는 것이 아닌가. 나는 그녀를 바라보며 잠시 머물렀다. 그러는 동안 그녀의 표정은 긴장의 모습이 역력했다. 나는 조용히 입을 열었다.

"쌀밥은 우리의 주식이지요. 그래서 늘 먹다 보니 때로는 별미가 생각이 나거든요. 그래서 별미를 찾는데 별미를 처음 먹는 순간은 이렇게 맛있는 밥을 늘 먹었으면 좋겠다고 여기지만 두세 끼니만 계속 먹으면 곧 질리지요. 그러나 쌀밥은 덤덤한 맛으로 느껴지지만 안 먹으면 먹고 싶고 또 먹고 싶은 데다가 씹으면 씹을수록 구수한 맛까지 느껴 평생토록 먹어도, 먹어도 전혀 질린 바가 없는 밥이지요, 그러면서도 한 끼니만 거르면 소로시 생각이 나고 자꾸 먹고 싶은 밥이 쌀밥이랍니다. 그렇지 않아요? 그래서 우리는 쌀밥을 주식으로 삼고 있지요."

내 말을 듣고 난 그녀는 뛸 듯이 기뻐지, 자기 마음을 주체할 수 없다고 표현했다. 그날 나는 우리 집안 경제 사정을 솔직히 털어놓았다. 그러면서 현재의 가난이 얼마 가지 아니할 거라고, 자신만만하게 말해주었다. 그랬더니 "마음만 결합된다면 무엇이 어렵겠느냐." 고 말하며 흐뭇한 마음으로 다음 날을 약속한 후 서로 아쉽게 인사를 나누며 헤어졌다. 이것이 그녀와 마지막 작별인사였던 것이다.

약속된 그날, 그 장소에 20여 분 일찍이 도착하여 한 시간이 넘도록 기다렸으나 그녀의 그림자도 볼 수 없었다. 뒷날 들은 이야기인데 그녀의 아버지는 사람이 살아가는데 경제를 무시할 수 없기에 너무 가난한데는 안 된다고 대못을 꽝꽝 박아버리는 바람에 어찌할 수 없었다고 한다. 그녀는 그 뒤 그녀의 아버지의 뜻대로 서울 부잣집으로 시집을 갔다. 그런데 어찌된 일인지 시집간 지 10여 년이 넘도록 내 안부를 자주 묻더라는 말을 전해 들었다.

그런지 십여 년 뒤 나는 볼일이 있어 서울에 갔을 때의 일이다. 종로3가 거리에서 횡단보도를 건너려고 신호등을 기다리고 있었다. 때마침 맞은편에는 낯익은 얼굴이 보이지 않는가. 자세히 봤더니 분명 그녀의 얼굴이었다. 그때의 당당한 기품이 전혀 볼 수 없는 생기 잃은 모습이다. 맞선 볼 때의 그 활기찬 모습은 전혀 볼 수 없으니 어인 일일까. 생각하는 동안 파란 신호등이 켜져 횡단보도를 걷는 동안 그녀는 나를 봤는지, 외면한 채 내 곁을 스쳐 건너편 어디론가 쓸쓸히 가고 있었다.

지난날 가난 때문에 많은 어려움을 겪었던 내가 지금은 나름대로 남부럽지 않게 생활하고 있다. 지난날은 국가에서 준 월급으로 살아왔고 지금은 공무원 연금으로 여생을 편안히 보낸다. 그리고 자녀들 역시 자기들의 일자리에서 열심히 일하며 즐겁게 지내고 있다. 나는 퇴직 후에도 열심히 살아보려고 무더니 노력했는데도 여유로운 시간이 많다 보니 시간을 허비할 때도 있다. 이럴 때마다 이래서는 아니 되는데 자책하며 생활하고 있다.

지금 프로이드의 말이 떠오른다.

"야심은 영광보다 사람을 생동케 하고 욕망은 꽃을 피우나 소유는 모든 것을 시들게 한다. 인생을 사는 것보다 인생을 꿈꾸는 편이 낫다."

정말 옳은 말이다. 내 젊었을 당시 그녀의 아버지는 내게 인생의 야심을 심어주었고 욕망의 꽃을 피우게 해주었다. 그러한 까닭에 수고한 만큼은 나름대로 수확도 거두었다. 그러나 '소유는 모든 것을 시들게 한다.'는 말처럼 나의 생활이 소비적인 삶이 아닌가. 참으로 나를 일깨워 주고 있는 말이라 여겨진다. 활력을 또다시 일으키는 시간이다.

고요히 눈 덮인 대지를 바라보며

온 천지가 눈에 덮인 밤이다. 오늘따라 유난히도 고요히 깊어만 가는 이 시간, 하얗게 쌓인 눈 위에 가로등 불빛이 비춰 반짝이고 있다. 마치 하얀 드레스를 곱게 차려입은 천사가 지금 정초(正初)라서인지 지상에 내려와 복을 막 나눠 주려는 순간같이 느껴진다. 저 맑고 깨끗함이 천상(天上) 그대로일까. 아니면 천사의 미모가 저처럼 단아해서일까. 저런 형상을 우리 모두가 보았으면 참 좋겠는데 나만이 볼 수 있는 심안(心眼)의 창이라서 퍽 아쉽다.

눈 덮인 하얀 대지를 하염없이 바라보는 동안 나만의 세계와 나만의 상념이 펼쳐지면서 불현듯 시인 이형기(李炯基)님이 쓴 「눈 오는 밤에」의 시가 떠오른다.

> 오랜 세월을 두고 / 절로 물처럼 고인 슬픔이 / 풀려나는 밤이다
> 실로 / 맘 너그럽게 외로울 수 있는 / 이 시간 / 절규보다도 /

더 절실한 것이 있음을 안다
무한한 밤이 / 밀려오고 다시 밀려가는 / 그 어느 사이에
내 등불만한 모습이 켜지고 / 그 위에 지금 눈이 내린다
동경의 밀도(密度) / 사랑의 도량 / 절망을 넘어선 인생이 내린다
귀를 기울여라 / 스스로 우러나는 내 영혼의 / 높은 울음에…

이 시인은 '오랜 세월을 두고 절로 물처럼 고인 슬픔이 풀려나는 밤이라고 했다.' 오래도록 마음에 맺힌 그 슬픔이 실실이 풀려나는 밤이니 참으로 너그러운 밤이요, 깊숙이 젖어 드는 생명의 밤이다. 절규보다도 더 절실한 동경의 밀도가, 사랑의 도량이 절망을 넘어 인생이 되어 내린다고 했으니 목숨보다. 더 귀한 동경이요, 사랑이었기에 영혼의 높은 울음에 비유한지도 모른다. 좌우간 온갖 고뇌를 겪고 절망을 넘어선 그 순결한 인생의 모습이 시인의 자세이니 극치의 밤이 아닐 수 없다.

이 밤이 지나고 나면 가로등 불빛보다 더 찬란한 태양이 눈송이를 어루만질 것이다. 그때 화들짝 반기며 반짝반짝 빛날 저 눈송이일 것이니 그런 축복이 어디에 또 있을까? 그렇게도 차갑게 느껴졌던 눈송이가 태양과 마주할 때면 자기 몸을 불태워 가면서까지 반짝이고 있으니 극치의 사랑의 관계가 아니고 무엇인가. 로미오와 줄리엣의 더할 수 없는 사랑도 이만하지는 못했을 것이다. 이런 생각을 하다 보니 나의 마음이 한없이 좁게만 느껴진다. 내 종달새가 되어 그간 사랑해 온 이들을 마냥 지저귄다 할지라도 무슨 영롱한 빛이 되겠는가.

오늘따라 유난히도 아늑한 밤이다. 자정을 넘어선 이 시간에 다정한 정분인 양 하얀 눈이 소복이 쌓여 있다. 이처럼 정적이 흐르는 밤이면 까마득하게 망각의 피안으로 사라져버린 그윽한 회포를 펼치게 한다. 자정이 가까워 하루가 교차되는 이 시간이기에 더욱 생각이 깊어지는지도 모르겠다. 그러니 어찌하겠는가. 지난날의 낭만이 나의 볼을 붉힐 때도 있고 서글픈 표정으로 남아 있을 때도 있겠지만 이 모든 인생의 아름다운 과정이니 오늘의 눈처럼 차곡차곡 쌓였을 것이다. 그러나 어느 땐가는 태양의 빛과 별이 찬란히 비추고 따뜻이 쪼일 때 승화된 나의 가슴이 아닐까?

인생은 한바탕 씨름하다가 어느덧 본향으로 돌아가는 나그네라 한다. 사랑하며 살아가기에도 부족한 시간인데 어찌 미움이 있겠는가? 여기서 괴테의 말을 조용히 생각해 보게 한다. '사랑엔 눈물이 있고 장미엔 가시가 있다.'고 한 말을, 정말 옳은 말이다. 평범한 사랑이라면 모르겠지만 위대한 사랑일수록 피와 땀과 눈물이 요구되는 것이다. 그리고 장미 역시 그렇다. 자기의 아름다움을 지키기 위해서는 가시가 절대적으로 필요한 것이 아닐까?

세상을 바르게 사는 일은 그리 쉬운 일이 아니다. 어려울수록 힘든 것이 세상일이요, 높을수록 애써 구하려 하는 것이 우리의 욕구다. 이것이 인생이 아닌가. 뉘우치는 생활, 사랑하는 생활, 그리움의 생활에는 반드시 영원의 가치가 주어지는 것이다. 그래서일까? 천사가 복을 나누어 주려고 지상에 내려온 영상이 눈앞에 아롱거리며 사라지지 않는다. 지금 한없이 깊어만 가는 이 시간이요, 눈 덮인 적막의 밤은 찬란한 내일을 기약하는 시간이다. 그러기에 인생의 깊이를 나는 조용히 헤아려 보고 있는지도 모른다.

3

고요히 흐르는 이 시간에

가짜는 언제나 포장을 잘한다

우리의 사회는 개방체제라서인지 너무 시끄러운 세상에서 살고 있다. 조용히 생각해 보면 실상은 세상이 시끄러운 것이 아니라 우리들이 시끄러운 세상을 만들어 가고 있지 않는가. 한 번쯤 깊이 생각해 봐야 한다. 눈만 뜨면 신문, 잡지, 텔레비전 등 각종 대중매체들이 쏟아내는 의미 없는 말을 듣고 엄격하게 선별하지 않은 채 무분별하게 말하는 사람들을 간혹 본다. 그들을 볼 때마다 그는 과연 어느 나라에 국적을 가지고 있으며 어느 지방에 본적을 두고 있는지 묻고 싶을 때가 있다.

가짜는 언제나 포장을 잘한다. 그럴싸한 포장에만 넋을 잃고 바라보다가는 어느새 주객이 전도되어 그 매체들이 사람을 흡수해 버린다. 그때부터 제정신을 가지고 사는 것이 아니고 남의 정신으로 사는 것이다. 그런 삶을 살지 아니하려면 쓸데없는 대화를 피해야 하고 건전치 못한 친구를 피해야 한다. 여기서 말하는 건전치 못한 친구란 악의가 있는 친구가 아니라 판단을 잘못하는 자를 가리키는 말이다. 그런 자들은 육신은 살아 있어도 정신은 죽은 자들이 아닌가? 분별없이 지껄이는 자는 되지 말아야 한다.

참으로 알아야 할 뉴스나 기사보다는 시끄럽고 불편한 것들이 너무 많은 세상이다. 바깥세상에 정신을 팔리다 보면 내심의 소리를 듣지 못하는 경우가 많은데 이럴 때 자칫하면 자신의 판단력도 창의력도 송두리째 잃게 된다. 이렇게 되면 큰일이다. 내가 내 인생을 자주적으로 산다기보다는 무엇인가에 끌려다니는 삶이다. 그것은 분명히 나의 삶이 아님을 명심해야 한다. 이는 다른 사람이 아니라 내 속에 이런 요소가 없는지 점검해 봐야 한다.

오염된 공기는 사람의 생명을 단축시키고 있다. 그뿐인가? 인간의 혼을 파괴시키는 정보의 오염과 언어의 오염은 더 큰 문제다. 공기는 외적인 것이기에 마스크를 착용하면 어느 정도 막을 수 있고 일산화탄소 배출량을 최대 줄이면 줄인 만큼 맑은 공기는 되돌아온다. 이번 코로나19로 탄소 배출량이 줄였기 때문에 얼마나 공기가 맑아졌는가. 정신적 오염도 그랬으면 참으로 좋겠다.

오늘날은 복잡한 세상이라서 그런지 제정신을 놓고 사는 사람이 많다. 자신만 그렇게 살아가는 것도 안 될 일인데 남까지 감염시켜 모두 골빈 속물로 만들어 가려고 한다면 더 큰 문제다. 이 모두의 책임은 나와 우리에게 있다. 우리의 사회, 우리 시대의 실상은 과연 누가 만들어 가는 것일까. 사회의 일원인 한 사람 한 사람의 존재 양상에 의해서 이루어진 것이다. 이것이 모이고 모이면 여론이 된다. 내 정신은 내가 지키고 우리의 정신은 우리가 이룩할 때 밝은 사회가 이룩되는 것이다. 정말이지 맑고 밝은 사회가 그립다.

삶의 여백이 절실한 시대

오늘의 생활은 삶의 여백이 없다.

누구나 욕심껏 가득 채우려는 자들로 북적일 뿐 '우리'라는 공동체를 위해 여유로운 마음으로 살아가는 자가 몇이나 될까? 우리의 정신을 조용히 들여다본다. 그러면 스스로 부끄러움을 발견하게 될 것이다. 무엇에 끌려 살아가기도 하고 무엇에 의해 지배당하며 살아가기도 한다. 이러한 삶은 결코 자기의 삶이 아니지 않을까. 그 하나의 예로 물질에 지배당한 삶을 볼 수 있다. 그렇게 의좋은 형제, 모든 것을 맡길 수 있는 친구 간일지라도 타산에 얽힐 때면 아귀다툼을 일으키는 일은 어찌된 일인가? 내가 지나친 판단이라면 참 좋겠다. 우리의 삶은 우리가 책임져야 한다. 결코 남에게 책임을 전가할 수도 없다. 그렇다고 남이 책임져 주지 않는다.

인간의 혼(魂)을 오염시키는 것은 무얼까? 그중 가장 핵심적인 것은 욕심이다. '욕심이 잉태한 즉 죄를 낳고 죄가 장성한 즉 사망을 낳는다.'(약 1:15)라고 했다. 우리가 되찾아야 할 시급한 문제는 자기 영혼을 지키는 일이다. 다시 말해 비인간화와 싸워 인간답게 사는 일이다. 이 문제가 어제 오늘의 일은 아니다. 오랜 세월 동안 귀가 따가울 정도로 많은 사람들이 주장해 왔다. 그런데도 오늘날에도 절실히 이루어야 할 문제이기에 다시 이 문제를 꺼내 놓은 것이다.

오늘날처럼 복잡하고 시끄러운 사회 속에서 제정신을 잃고 떠밀려 살아간다면 어찌될까. 빈껍데기 속물로 살아가는 인생이 아닐까? 이에 자신이 자신을 조용히 반성해 봐야 한다. 여가를 즐길 수 있는 마음의 '여유'를 가지고 살아가는가. 이렇게 말하면 혹자는 '한가로운 시간'을 생각할지 모르나 여기서 말하는 여유는 '여유로운 마음가짐'을 말하는 것이다. 자기의 정신을 집중시키려면 무엇보다도 마음의 여유가 있어야 한다. 옛 속담에 '호랑이가 물어가도 제정신만 차리면 산다.'고 했다. 제정신이란 무얼까? 근본적으로 말하면 마음의 여유다. 아무리 다급한 일을 당해도 마음의 여유가 있어야 모든 일을 성공적으로 해낼 수 있다. 능력을 발휘할 수 있지 않을까?

요즘 어디를 가든지 시끄럽다. 버스를 타도, 전철을 타도, 모임에 가도 코로나19로 인하여 경제가 말이 아니라서 이러쿵저러쿵 말들이 많고 특히 요즘 가짜 뉴스가 판을 치다 보니 더욱 시끄럽다. 일찍이 보고 느끼지 못했던 정보의 홍수 속에서 살다 보니 눈만 뜨면 귀가 따갑다. 신문, 잡지, 텔레비전, 스마트폰 문자 등 대중매체가 정신마저 혼란하게 한다. 이것들은 엄격하게 선별되지 않고 마구 쏟아져 나오는 것을 받아들이는 자들 역시 그렇다. 그것을 남이 전달해온 그대로 자기도 남에게 또 전달한다. 그 이유는 무얼까. 지성이 부족해서일까? 상당한 학벌이 있는 자들도 그 부류들과 합류하고 있음을 종종 본다. 그것은 그들에게 감염된 탓이다. 양식이 부족한 탓이다.

그렇다고 이런 일을 누가 이래라저래라 낱낱이 간섭할 수 없다. 자기가 자기의 정신을 가다듬어야 한다. 스스로 교육시켜 능력을 길러야 한다. 그렇지 않으면 올바른 정신으로 살아갈 수 없다. 사람이 짐승보다 뛰어난 점은 생각할 수 있고 자기 자신을 연마해 갈 수 있는 능력을 가지고 있기 때문이다. 이것을 못하면 모든 자아(自我)가 붕괴된다. 지난날의 공적인 것도 사적인 것도 모두 붕괴되고 만다. 그럴 때 인격과 생명의 존엄성이 파괴되고 마침내는 종지부를 찍고 만다.

오늘의 사회가 병들어 가고 있는 것이 아닐까? 그렇다면 참으로 큰일이다. 병원체를 찾아내야 한다. 그렇지 않으면 그 병균이 코로나19처럼 무수한 인간을 무차별하게 마비시키고 만다. 그뿐인가. 모든 사람을 흡수해 버리려는 병원균을 그들은 가지고 있다. 이를 빨리 박멸시켜야 한다. 그것을 박멸시킬 치료방법이 무얼까. '삶의 여백이다.'라고 여긴다. 이것이 치료백신이다. 내 정신을 내가 지키고 사람답게 살아가는 길이다. 오직 이 길만이 사회와 국가와 인류를 위한 길이라고 본다.

이별이 그토록 서러운 것을

과연 시간의 흐름이란 무엇을 의미할까요. 끊임없이 반복되는 자연의 이법인가요. 아니면 영원한 시간의 연속일까요. 온갖 기복을 형성하는 삶의 현장을 일깨워 주는 시간일까요. 못다 이룬 정을 그토록 아쉬워하는 시간일까요?

며칠 전 그렇게 믿고 의지해 오던 형님을 멀리, 아주 멀리 보내드리고 난 슬픈 심정이 지금 가슴 저 깊은 데서 저리어 옵니다. 아무도 없는 광막한 허허벌판에서 나 홀로 서 있는 쓸쓸한 심정입니다.

이 밤이 이렇게도 마음속에 격랑을 일으키는 회오리바람이란 말입니까? 치밀어 오르는 슬픔을 가눌 길이 없어 그만 옷깃에 눈물이 주르륵 흐릅니다. 그간 조카들이 볼세라 꾹 참아온 눈물이건만 오늘따라 마음속 깊이 그리워지는 형님 생각에 일이 손에 잡히지 않습니다. 어찌 이렇게 가슴 아플 줄이야 예전에 상상이나 했겠는가. 그저

담담하게 살아온 지난날의 일들이 후회스러울 뿐입니다. 그러나 어찌하랴. 세월을 돌이킬 수 없으니…, 밤이 깊은 줄도 모르고 나는 형님의 얼굴을 마음에 떠올려 봤습니다.

민족상잔인 6·25 전쟁으로 나라 전체가 폐허된 그 시절, 지금도 생각해 보면 동생들을 사랑하는 형님의 마음이 지극하셨습니다. 비 오듯 쏟아지는 포탄을 피하기 위하여 방공호에 몸을 숨길 때에도 동생들 먼저 피신시키고 맨 뒤에 형님이 저희들 곁에 찾아와 얼싸안고 눈물을 흘리시던 일, 의욕을 잃고 실의에 잠겼을 때 "이 잘될 놈아! 이래서 되겠느냐? 너는 할 수 있다." 이렇게 격려해주시던 일, 책을 사보고 싶은데 "돈이 있어야지." 이렇게 혼잣말로 푸념했을 때에 어디서 돈을 구했는지 당시 300환으로 서점에서 O.헨리 작 「마지막 잎새」를 사 주셨던 일 등 강물처럼 끝없이 이어지는 지난날의 일들이 나를 그만 추억의 포로로 만들고 말았습니다. 뒷날에 알고 보니 그 꾼 돈을 갚기 위해 남의 집 보리를 베어주었다는 말을 형님 친구로부터 들었습니다. 이 같은 형님을 보내고 나니 무참하게 갈라놓은 운명마저 원망스럽기까지 했습니다.

저는 형님의 하관식 예배를 슬픔 중에 인도했습니다. 물론 목사님이 주관하시는 것이 마땅하지만 공교롭게도 주일 예배 시간이라서 집례할 수 없기에 제가 부득이 장로의 신분으로 주관했습니다.

하관예배가 시작되었습니다. 그 첫 순서로 "하늘가는 밝은 길이 내 앞에 있으니 슬픈 일을 많이 보고 늘 고생하여도 ~" 찬송가의 슬픈 곡이 유족들의 가슴을 적시며 흘러나올 때에 조카들의 흐느낌이 마침내 통곡으로 쏟아졌고 장례는 오열로 뒤덮였습니다. 그날의 설교 제목은 「주 안에서 죽음은 복이다」였습니다.

우리의 삶은 남과의 대결에서부터 시작되기에 삶 자체가 고통입니다. 불안과 고독이 상존하는 우리네 삶, 여기서 한 치도 벗어날 수 없는 것이 현실이었기에 이러한 아픔과 괴로움에서 죽음은 완전히 벗어나는 길입니다. 염려와 근심에서 자유로울 수 없는 우리의 삶이기에 이러한 세상의 옷을 벗고 아름다운 천성의 옷을 갈아입습니다. 그리고 '영원한 가치를 추구하며 절대자의 품에 안기는 길이 곧 죽음입니다.'(계 14:13)라고 성경 말씀을 풀이했습니다. 불경에서도 '모든 번뇌에서 완전 해탈하는 것이 죽음'(불전 34)이라고 했습니다. 오늘 이곳에 안장될 고인을 기쁨으로 환송해 드리자고 했습니다. 그리고 생전에 남기고 가신 말씀을 깊이 되새겨 실천해 옮기자고 했습니다.

인생의 값진 삶은 오직 '성실'에 있다. 이것을 후손들에게 남겨 줄 정신적 유산이어야 한다.

형님은 어린 동생들에게 젊은 시절부터 귀가 따가울 정도로 '성실'을 강조하셨는데 형님 삶 자체가 그러했습니다. 큰형님이 물려주신 재분공장을 성실히 운영하셨고 그 뒤에 규모가 큰 정미소를 경영하는데 누가 봐도 진실되고 부지런한 분이셨습니다. 어떠한 경우일지라도 하재목 씨만은 믿을 수 있는 분이라고 입을 모아 극찬을 받으셨으니 말입니다.

그렇습니다. 성실한 삶은 인간을 인간 되게 만들고 보다 나은 내

일을 창조해 가는 위대한 힘이요, 원동력입니다. 형님을 닮아서인지 조카들도 성실한 삶을 살아가고 있습니다. 조카 네 명 모두 명문대학에서 4년간 장학금으로 공부했고 졸업 후에는 장학금을 준 회사에 근무하게 되었습니다. 이 모두 성실한 자세가 아니었던가요. 이 순간이야말로 시간과 공간을 마구 뛰어넘어 뒤엉킨 시간이기에 지난날의 회포를 잠시 털어놓았습니다.

형님!

형님의 교훈을 받들어 '성실'하게 살아가겠습니다. 인생의 꽃을 피우고 아름다운 열매를 거두겠습니다. 부디 천국에서 편히 쉬소서. 피안의 세계가 너무 멀어 오고 갈 수 없지만 형님이 남겨주신 인생의 좌표만은 늘 머리에 간직하면서 살아가겠습니다. 천국에서 지켜보시옵소서. 기쁨의 나날 되시옵소서.

진해를 다녀와서

8월 중순인데도 한낮의 불볕더위는 맹위를 떨치고 있다. 며칠 후면 땅의 열기가 식는다는 처서다. 그런데도 전혀 지열이 식을 줄 모른 채 아침부터 푹푹 찌는 날씨가 되고 보니 신선한 가을바람이 몹시 그리워진다.

오늘은 우리 교회 당회원들이 오후 네 시에 경남 진해(鎭海)로 수련회를 떠나는 날이다. 그래서인지 우리가 부천을 떠나기 30분 전에 비록 국지적(局地的)이나마 서울 근교에서 들려오는 번개 천둥소리는 마치 무더위를 향해 '왜 물러날 줄 모르느냐'고 호통이라도 치듯 요란했다.

다시 평온을 되찾은 듯 청명해진 오후 4시 30분, 우리 일행 25명을 태운 버스는 부천을 출발 진해로 향했다. 추풍령 고개를 넘을 그 무렵 어두워진 밤길에 소나기는 또 한 차례 무더위를 몰아내는 시원한 바람과 함께 세차게 쏟아지고 있었다. 오랫동안 비가 오지 않아 그간 몹시 목말랐던 탓인지 어둠 속에서도 언뜻언뜻 보이는 가로수는 춤을 추듯 허리통까지 흔들며 싱싱한 입김을 뱉어내는 바람에 맑은 공기가 내 폐부까지 촉촉이 적셔 주었다.

밤 열 시 반경에야 목적지인 진해 김 장로님 댁에 도착했다. 버스 안에서 간식으로 대충 배를 채웠기에 간단히 저녁 식사를 마치고 바닷가로 나갔다. 시원한 바닷바람이 전신을 애무해 주는 탓인지 이곳에 오느라 여섯 시간이나 버스에 시달린 몸인데도 전혀 피로감을 느끼지 못했다. 자정이 가까워진 시간인데도 이곳저곳 해변에서는 사랑을 속삭이는 젊은이들의 애정 어린 모습도, 중노년기의 다정한 대화도 천국의 풍경처럼 아늑한 분위기였다. 그들은 깊어 가는 밤인지도 몰랐고, 우리 역시 자정을 넘은 시간인지도 까마득하게 잊고 있었다.

다음 날 새벽이다. 우리 일행 중 세 사람은 피곤한 몸인데도 다섯 시 반경에 일어나 간단히 세수를 하고 어시장 경매현황을 보기 위해 그곳을 찾아갔다. 그러나 이미 다섯 시에 경매가 끝나 한산했다. 어시장마저 오전 아홉 시부터 문을 연다고 했기에 어젯밤 어둠 속이라 보지 못했던 바다의 원경을 보기로 했다. 마치 소쿠리 모양처럼 우묵한 곳이 육지와 맞닿은 해변이고 주둥이처럼 좁은 곳이 남해 입구로 되어 있다. 이처럼 지형(地形)으로 이루어진 곳이기에 부두로 안성맞춤이다. 바다의 흉용한 파도가 아무리 밀어닥친다, 할지라도 이곳에 정박한 배는 안전하지 아니할까?

그동안 책으로만 배우고 익혀왔던 진해의 역사를 이제 한눈으로 바라볼 수 있는 좋은 기회가 되었다. 나는 우리 일행과 함께 아침 식사를 부지런히 끝내고 이곳 제황산 공원을 찾았는데 그때가 오전 8시 20분이었다. 진해탑 개방 시간이 9시라서 40여 분간 기다려야만 했기에 우리 일행은 주위를 돌아볼 수 있는 여유가 있었다. 진해탑 앞에 설치된 조형물에서 각기 기념촬영을 한 뒤 애국충정을 기리는 현시학(玄時學) 당시 한국함대사령관의 동상 앞에 이르렀다. 그분의 전적과 공적이 새겨진 글을 읽어가는 동안 머리가 숙어졌다. 그분이 나라를 지키기 위해서 쏟은 애국심과 군인으로서의 사명의식이 투철한 그의 전투 모습이 상상으로 머리에 그려지면서 그간 우리의 안일한 정신을 반성해 보는 좋은 계기가 되었다.

그 순간이다. 왜 이리도 아쉬움이 밀려올까? 그분과 같이 전투에 임했다가 죽어간 이름 없는 병사들의 영령들이 얼마나 많은가? 그 분들의 높은 애국정신은 어디서 찾아볼 수 있을까? 최소한 맹렬히 싸우는 전투의 한 장면이라도 동상으로 세워 그들의 애국 얼을 그곳에 새겨 놓았다면 얼마나 좋았을까? 그리고 그 동상 밑에 전투 시기와 장소 등을 밝힌 다음 용사들의 이름을 아는 대로라도 새기고 당시 참전했던 용사들의 숫자를 기록으로 남겨 놓았더라면 얼마나 좋았을까? 이곳을 찾아온 분들에게 그분들의 애국 충정을 머릿속에 그려보게 하는 훌륭한 계기가 되지 않을까?

그곳에서 몇 발짝 옆으로 옮기니까 소나무 밑에 1m 30cm가량의 팔각형 비석이 보였다. 거기에 한자로 朝鮮石 明治 四十三年 八月

二十九日(조선석 명치 43년 8월 29일)이라 새겨져 있었다. 명치는 일본인들이 사용한 연호(年號)로서 이들이 우리의 주권을 강탈한 경술국치날인 1910년 8월 29일을 기념하기 위해 저들이 세운 망주석으로 추정된다. 원래 망주석은 무덤 앞 좌우에 세워 놓은 팔각 돌기둥인데 묘 주인의 사회 신분을 나타내는 기능을 지닌 석물이다. 이처럼 망주석에 새긴 것은 조선이 이날에 망했다는 의미로 해석된다.

우리로서는 국치민욕(國恥民辱)의 석물이다. 이같이 피눈물을 흘려야 하는 '나라의 수치요, 국민의 치욕'이 다시는 없어야겠다. 그러기 위해서라도 이 망주석과 함께 '가슴 아픈 사연'이란 경고를 새겨 읽는 이들에게 경각심을 일으켰으면 얼마나 좋겠는가? 퍽 아쉬움이 밀려온다.

어느덧 진해탑 개관 시간이 되어 문이 드르릉 소리를 내며 열린다. 나는 가장 앞서 들어갔다. 1층 현관에 임진왜란과 이순신 장군의 애국의 혼이 담긴 거북선 모형이 놓여 있었다. 이 조형물이 우리에게 시사해주는 바가 크기에 잠시 머무는 동안 마음속에 떠오르는 영상이 있었다. '진격하라'는 이순신 장군의 위엄찬 명령과 함께 둥~둥~둥 울리는 북소리가 우렁차게 울리면서 우리 병사들은 필승의 각오로 적진을 향해 진격하는 함대의 모습이다. 참으로 나라를 지키기 위해 민족의 혼이 활활 불타오르는 한 장면이 필름처럼 이어지고 있었다.

이곳 2층에는 진해시립박물관이 있다는 말을 들었다. 그러나 그곳은 내려올 때 보기로 하고 우선 전망대를 가기 위해 승강기에 올라

7층 단추(버튼)을 눌렀다. 100년의 세월이 무상하리만큼 일본인의 설계로 이루어진 진해가 한눈에 보인다. 그들의 더러운 야욕으로 무참하게 짓밟혔던 역사의 증명지가 바로 눈앞에 보인다. 아! 나라를 잃어 36년간 피어린 민족의 치욕, 이를 생각하면 정말이지 분통이 터질 일이다. 그러나 후손들에게 경각심을 일깨우기 위해서라도 이곳을 교육의 현장으로 삼기 위해 보존했으면 좋겠다. 커다란 각성문과 함께.

너무도 기막힌 이곳이다. 시가지 한 중심지에 일본 해군기를 꽂아 놓은 듯했다. 이곳이 원형으로 이루어진 중앙로터리를 중심으로 여덟 길이 쭉 뻗어 있는 시가지의 모습이다. 일본이 이러한 형태로 진해를 설계한 이유는 무얼까? 흔히들 유럽풍이 곁들인 방사형 도시로 건설했다고 말하지만 저들의 근본 의도는 야욕의 상징이라 아니할 수 없다.

과거 저들이 행했던 일들을 생각해 보라. 1912년 평화롭게 살고 있던 이곳 우리 백성들에게 일본은 총칼로 강제 토지 매수 방법을 동원하여 외각지로 내쫓아내고 이곳 진해에 자기들 입맛에 맞도록 군항도시로 건설했다. 그 이유는 진해(鎭海)가 한자의 의미처럼 바다를 진압해온 곳이다. 진압할 '진(鎭)' 자에 바다 '해(海)' 자를 썼으니 지명처럼 바다에서 일어난 어떠한 고난과 난관이 있을지라도 이곳 진해에 이르면 억눌렸던 모든 일이 순조롭게 잘 풀려 진정되는 곳이란 지명이다. 하늘이 사랑한다는 천애(天愛)지역이 진해다.

그를 입증이라도 하듯 소쿠리처럼 천형(天刑)의 지형이 이루어진 곳이 진해였다. 진해 쪽은 펑퍼짐한 곳이며, 남해바다 쪽은 소쿠리 앞부분처럼 좁은 곳인데 그곳에 여섯 개 섬이 버티고 있다. 이 섬 때문에 어떠한 포탄, 어떠한 공격으로도 이곳을 침범할 수 없었다. 이들 섬이 철저히 방어해 주어 보호막이 되었기에 이곳을 조선시대부터 '진해현'이란 행정구역으로 불렸었다.

이런 천애(天愛)의 지역임을 일본 사람들은 일찍부터 잘 알고 있었다. 그런 관계로 러일전쟁을 승리로 이끈 1905년에 일본은 미국과 가쯔라- 테이프 밀약(미국은 필리핀을 지배하고 일본은 대한제국 지배권을 묵인)을 체결했기에 더 이상 거칠 것이 없었다. 그 여세를 몰아 넉 달 후인 같은 해 11월에 그들은 우리와 을사늑약을 체결했다. 그러니 사실상 그때부터 진해를 일본의 주요 군항(軍港) 도시로 내정되었던 것이다.

이런 역사를 지닌 진해이기에 애착이 되어 더 머물고 싶었지만 일정에 따라 우리 일행과 함께 수련회 장소인 거제도로 떠나야만 했다. 다음 기회에 꼭 다시 찾아오리라. 그때는 과실이 단맛을 내듯 이곳 진해 곳곳의 진가를 기어이 보리라 다짐하는 순간 결실을 재촉하는 시원한 한 떨기 가을바람이 아쉽다는 듯 나의 옷깃을 잡아 흔든다.

견성 선생에게 드리는 편지

이제 완연한 가을하늘입니다. 끝없이 트인 맑은 하늘, 드높이 펼쳐진 푸른 하늘을 바라보고 있노라면 그리운 이들이 하나둘 눈앞에 펼친 듯합니다. 어쩌면 지난날 무심코 지내왔던 일들이 마음 어디선가 도란도란 자리 잡고 있었기에 이 같은 일들이 가능하지 않나 생각해 봅니다.

마한종합회관에서 평생교육차원으로 여섯 과목의 교육을 실시하고 있었는데 그중 한 과목인 문학반 수업을 내가 맡아, 지난 2004년과 2005년 두 해 동안 출강한 바 있습니다. 그때 수강자로서 가장 인상 깊었던 분이 바로 견성 선생이었습니다.

견성 선생은 문학반 학생으로서 반장 일을 맡아 그간 수업에 불편함이 없도록 나를 도와주신 분입니다. 그런데 어느 날 수업을 마치고 막 나가려는데 "교수님, 제가 드릴 말씀이 있습니다. 잠시만 시간을 내주셨으면 고맙겠습니다." 이 말을 듣는 순간, 수업시간에 혹 잘못 가르친 것이 있나. 아니면 수업 도중 무심코 내뱉은 말이 잘못되었을까. 나 자신을 뒤돌아보고 있는 참인데 견성 선생은 "앉으시지요." 하며 의자를 내주었습니다.

무슨 말을 하려는 것인지, 꺼내려 하다가 주춤하는 모습이었습니다. 나는 당황했습니다. 무슨 말을 하려고 저러실까 궁금하여 "서슴지 말고 말씀하셔도 됩니다." 그러자 "그래도 괜찮을까요?" 하며 약간 얼굴이 붉어짐을 볼 수 있었습니다. 비록 나이는 나보다 일곱 살 위이시지만 정신력이나 활동하시는 모습을 볼 때 퍽 젊게 사신 분이었습니다. 칠십이 넘으신 분이라고 말한다면 누구도 믿지 않을 만큼 고운 얼굴에다 단아하신 자태였습니다.

무겁게 입을 여신 견성 선생은 "이미 아시겠지만 저의 본명은 곽점례(郭点禮)입니다. 너무 촌스러운 이름이지요?" 하며 "저의 이름을 새로 지어주셨으면 감사하겠습니다."라고 말하는 게 아닌가. "그 이름이 호적상의 이름이지요?" 했더니 "예." "그러면 이름은 고치지 마시고 대신 아호(雅號)를 지어 드리는 것이 어때요?" 하고 물었더니 밝은 표정을 지으며 "그러시면 감사하지요. 아호는 스승이 지어주신다는 말을 들었습니다. 정말 고맙습니다." 이렇게 대화를 나눈 뒤 다음 며칠까지 지어 드리겠다고 약속을 하고 헤어졌다.

약속된 날짜가 되어 그분을 만나 아호를 '견성(繾聲)'으로 생각해 봤는데 어때요? 정다울 '견' 자에다 소리 '성' 자가 결합해서 이루어진 아호이니 첫째, 부르기 쉽고 둘째는 다정하고 아름다운 소리이므로 곱고 예쁠 뿐 아니라 특히 이 내용은 화목과 평화를 상징하니 얼마나 좋습니까. 하고 넌지시 물어보았다. 그랬더니 만족하다고 하면서 고개까지 숙이며 감사의 뜻을 표시하셨습니다.

견성 선생은 평생교육원에 입학할 당시 연세가 70세였습니다. 그러나 활동만은 의욕이 충만했고 리더십 역시 대단했습니다. 학습 분위기가 좀 활기를 잃은 듯하면 야외수업할 것을 건의해 왔고 허락을 받아 장소를 결정하고 실행하는 일이었습니다. 모든 계획을 세워 임무를 각기 분담시키고 차질이 없도록 진행시켜 유종의 미를 거두는 일이라던가, 모두 일이 끝난 뒤에는 그 수고를 잊지 않고 작으나마 마음을 담아 선물로 답례하셨습니다. 이렇게 따뜻함이 있었기에 20여 명의 수강생들은 한결같이 하나로 뭉쳐 협력해 왔고 풍성한 마음으로 우정을 나누는 일들은 누가 봐도 흐뭇한 마음이었습니다.

견성 선생이 수강한 첫해 마지막 학기 때였습니다. "저희들의 작품을 마한종합회관 실내에다 전시하면 어떻겠습니까?"라고 의견을 제시하기에 "좋은 의견이십니다. 그대로 하지요." 이렇게 결정하여 그분의 의견대로 실행했고 둘째 해는 "기념문집을 만드는 것이 어떻겠습니까?" 좋은 의견이라고 했더니 모든 계획을 짜 가지고 오셨기에 다소 수정하여 마한종합회관 관장님과 협의 끝에 인쇄비 삼분의 일은 관장님이 부담하고 삼분의 이는 학생들이 부담하여 문집을 발행하기에 이르렀습니다.

그분의 문장력도 대단했습니다.

그해 5월에 견성 선생이 쓰신 「스승의 날을 맞이하여」란 수필을 읽어봤습니다. 과연 70세 노인의 글이라고 볼 수 있을까? 할 정도로 문학성이 뛰어남을 볼 수 있었습니다.

〈서두〉
5월처럼 좋은 계절도 없다. 푸릇푸릇한 속잎들이 연두색으로 제 모습을 자랑하고 있고 눈길 닿은 곳마다, 꽃잎들이 고운 빛깔로 방긋방긋 웃음을 지어주니 마주 바라보는 나의 마음은 감탄하기에 바쁘다.

여기서 의인법이 두드러지게 나타나며 색깔의 투명함이 은은하게 보여 5월처럼 좋은 계절이 없음을 표현해 주고 있습니다. 그 이유를 결미에서 또 찾아볼 수 있었습니다.

〈결미〉
오늘 스승의 날을 맞아 스승의 은혜를 생각해 보니 내 어린 시절로 돌아간다. 딸, 손자들의 성장 과정에서 내가 걸어온 길들을 더듬어 보는 귀한 시간을 갖다 보니 자연 내 인생이 한결 젊어지는 듯했다. 이 모두 교수님께서 성의를 다해 가르쳐 주신 덕분이기에 이 글을 쓰며 감사드린다. 늘 건강하시고 보람의 나날 맞이하시도록 충심으로 빌어본다.

서두와 결미가 자연스럽게 연결되어 있습니다. 서두 첫머리에서 5월처럼 좋은 계절은 없다고 한 이유는 결미에서 5월은 스승의 날이 있기 때문이라는 내용이었습니다. 스승을 생각하다 보면 자연히 내 어린 시절로 돌아가기도 하고 딸, 손자들의 성장과정, 내가 걸어온 길들을 더듬어 보는 귀한 시간이기도 했다. 그러다 보니 '자연 내 인생이 한결 젊어지는 듯하니 어찌 1년 중 5월처럼 좋은 계절이 어디 또 있겠는가.'라고 했다.

참으로 이 글이야말로 잘된 작품입니다. 작품을 평할 때 좋은 작품은 서두와 결미만 보아도 작자가 이 작품에서 무엇을 말하려고 하는가를 알 수 있는데 이는 한 주제로 응결되어 있기 때문입니다. 바로 이러한 작품이 견성 선생이 쓰신 작품입니다. 비록 아직은 문단에 등단하지 못했지만 기성 문인의 작품과 조금도 뒤지지 않다고 여겨집니다.

이 작품을 좀 더 이해하기 위해서 〈전개〉 부문 중 한두 부분만 짚어 보기로 하겠습니다.

〈전개〉

딸아이가 중학교에 입학할 때에는 하얀 칼라가 달린 교복을 입고 집을 나서는 그 모습이 바로 내 모습처럼 느껴졌다. 높은 학교에 진학할 때마다 나도 덩달아 딸아이의 선생님이 내 선생님이 된 것처럼 존경스럽기만 했다. 더구나 큰손자가 육군 사관학교에 입학하여 공부할 때에도 이따금 찾아가 보면 그 넓은 교정에서 훈련을 받고 있는 모습이 그렇게 믿음직스럽게 보였다. 특히 여 생도들의 씩씩한 모습에서 내가 가보지 못한 또 다른 세계를 보았다. 이 모두 선생님들의 가르침이 없었다면 저리도 늠름한 기상일까?

견성 선생은 일정시대(日政時代)에 초등학교를 졸업한 뒤 진학을 못했다고 하셨습니다. 그러기에 딸이 중학교에 입학하여 하얀 칼라

달린 교복을 입고 집을 나서는 그 모습이 바로 내 모습처럼 느껴졌을 것입니다. 그리고 '높은 학교에 진학할 때마다 딸아이의 선생님이 내 선생님이 된 것처럼 존경스럽다.'는 그 한 부문만 봐도 그간 얼마나 진학하고자 하는 꿈이 마음속에 서리고 맺혀 있었던가를 바로 알 수 있었습니다.

> 이제 나이 들어 마한평생교육원에 입학하고 보니 오랜만에 또다시 나를 진정 가르쳐주신 교수님을 맞이하게 되었다. 수업시간에 가르쳐주신 한마디 한마디가 새롭게 느껴지고 귀하게 느껴진다. 조금이라도 놓칠세라 귀를 쫑긋 세우고 이해하기 어려운 내용이라도 내 나름대로 그간 살아온 경험과 실오라기만치 붙어 있는 기초실력을 붙들고 실랑이하다 보면 조금씩 깨우쳐져 요즘은 큰 보람으로 여기며 생활하고 있다.

이같이 배움에 굶주린 흔적이 견성 선생의 글을 통하여 토해내고 있습니다. 실상 일제시대 초등학교만 졸업해도 신여성으로 상당히 대접을 받는 시대였습니다. 그도 그럴 것이 그 당시 학교를 다닌 자가 각 읍면에 몇 명이나 되며 특히 여학생의 수가 몇 명이나 되었던가를 따져 봐도 쉬 알 수 있을 것입니다. 그런데도 중고등학교 다니지 못한 것이 한이 되어 늘 안타깝게 여겨 오다가 다행히도 평생교육과정의 제도가 있었기에 또다시 배움의 길을 찾게 되어 퍽 흐뭇하게 여겼다는 말씀은 견성 선생께서 그간 끊임없이 배움에 대한 열정의 욕구가 계속되고 있었음을 보여주고 있습니다.

연세와는 관계없이 젊은이들 못지않게 그 열정으로 공부하시면서 수필을 통해 그간의 삶과 인생관을 여실히 보여주고 있습니다. 그러기에 쓰신 작품 곳곳에서 성실하게 살아오신 흔적을 엿볼 수 있습니다. 그 예로 「나의 삶」이라는 수필을 살펴보도록 하겠습니다.

나는 학벌이나 지위는 미천하다. 그러나 나의 삶만은 보다 높은 인생으로 탈바꿈할 수 없을까. 궁리 끝에 '성실한 삶을 살아야 하겠다.'고 결심한 뒤 나름대로 열심히 생활하고 있다고 감히 말할 수 있다.

그렇습니다. '고귀한 인생은 성실함에 있습니다.' 요즘 상당한 학벌이 있고 지위가 있는 자들이라 해서 인품이 높은 것은 아닙니다. 과거엔 학벌은 인격을 나타내 주었고 지위는 품격을 높여 주었습니다만 오늘의 사회는 어찌된 일인지 학벌이 많고 지위가 높다 해도 그윽한 인품과 범할 수 없는 품격은 아닙니다. 그 하나의 실 예로 끊임없이 일어나는 '미투' 현상입니다. 자기의 학벌이나 지위를 남용하여 남을 인격을 무참하게 짓밟는 그 자가 어찌 인격과 인품 있는 자라고 하겠습니까? 과거에는 어릴 때부터 인물공부를 부지런히 해왔습니다. 수신제가치국평천하(修身齊家治國平天下)가 그 한 예입니다. 여기서 말하는 수신(修身)은 자기 교육입니다. 악을 물리치고 선을 북돋우기 위하여 자신의 마음을 닦아 나가는 일이 수신입니다. 견성 선생처럼 '어떻게 하면 높은 인품으로 자기 자신을 교육해갈 것인가.' 고민, 고민 끝에 이루어진 결심은 생활철학으로 이어지고 그 생활철학은 성실한 삶의 자세로 이루어집니다. 인간의 근본 목적은 성실한 삶에 있습니다. 성실한 삶에는 인생의 최고의 가치입니다. 무엇을 더 바라겠습니까?

견성 선생의 글을 읽을 때마다 느끼는 일인데 독자에게 감흥을 일으키는 작품이 많습니다. 이런 자세로 계속 글을 쓰신다면 머지않아 후세에 남길 수 있는 책이 출간되리라 확신합니다. 그날이 어서 오기를 간절히 기다리고 있었는데 정말 반가운 소식입니다. 그간 써 놓은 20편의 작품을 우선 모아 손녀가 그래픽으로 예쁘게 문집을 만든다고 하시면서 저에게 글을 요청하기에 편지글로 대신했습니다. 부디 건강하시고 문운이 창대하시길 간절히 기원한다.

- 2013년 9월 21일. 인천 월석서제에서 하재준 드림

피안에 계신 형님에게 쓴 편지

형님!

어찌해서 형님을 부르는 순간 눈물이 앞을 가립니까?

형님이 이승을 떠나시던 2010년 7월 4일 그날 가슴이 미어지는 듯, 복받쳐 오르는 슬픔을 가눌 길이 없습니다. 인간의 생명이란 무엇이기에 이리도 크고 어려운 문제가 많습니까. 사람의 목숨이 과연 무엇이기에, 그리고 산다는 것이 또 무엇이기에, 우리의 삶 속에 그토록 수많은 희로애락의 감정이 교차되는 것인지, 어떨 때는 우습기도 하고 어떨 때는 의욕이 샘솟을 때도 있지만, 오늘처럼 슬픔이 복받쳐 가눌 길이 없을 때도 있습니다.

지금도 제 마음속에는 형님이 옆에 계시는 것 같은데 이제 저희 곁을 떠나시다니요. 매년 5월이면 형님의 말씀이 꼭 생각납니다. 아무리 바쁜 일이 있더라도 다 뒤로 미루고 자연과 더불어 하루를 즐기는 것이 옳다고 하셨습니다. 그런데 그해부터 형님의 몸이 불편하기 시작하시어 한 번의 기회를 틈타지 못한 채 세월만 흐르다가 형님은 피안의 세계로 떠나셨습니다. 그래서인지 해마다 꽃과 더불어 자연을 벗 삼아 즐기려는 때가 오면 어김없이 형님이 그리워집니다. 못내 보고 싶습니다.

오늘처럼 회자정리(會者定離)의 의미를 깊이 생각해 본 일도 없는 듯합니다. 아무리 다정한 형제라 할지라도 언젠가는 이별하기 마련이라서 천년만년 함께 살 수는 없지만 그러나 겨우 칠십이 되던 해에 제 곁을 떠나시다니요. 형님이 떠나신 오늘밤 너무도 허전하여 지난날의 즐거웠던 사진을 바라보며 울지 않으려 해도 자꾸만 눈물이 앞을 가립니다.

형님!

저희들은 천석꾼의 대지주(大地主)의 아들로 태어났습니다. 그러나 우리가 초등학교에 입학해서 얼마 되지 않아 1948년 대한민국 정부가 수립되었습니다. 당시 농림부 초대 장관이던 조봉암 선생이 토지개혁 정책을 강력히 폈습니다. '토지는 실경작자인 농민으로 돌아가야 한다.'는 원칙을 내세워 실행함에 따라 우리 가정은 하루아침에 몰락하고 말았습니다. 그 광활한 토지대금을 정부는 15년 내지 20년 후 상환하겠다는 약속과 함께 유가증권을 주었고 그것을 받아 헐값으로 팔아 형과 누나들은 대학과 여고를 졸업시켰고 크고 작은 대사들을 치르게 되었습니다.

그러다 보니 아버지는 빈주먹만 남아 쓸쓸한 삶을 사셨고 어머니와 우리 사 남매는 어린 시절부터 고난의 연속된 삶 속에서 이를 악물고 그 난관을 헤쳐가야만 했습니다. 아버지의 피를 이어받은 한 형제자매이라지만 그 어느 누구도 저희들에게 따뜻한 손길은 없었습니다. 도리어 우리들이 학교에 다니는 것마저 시기하였는지 일찍이 취업해서 경제적으로 어려움 없이 사는 것이 상책이란 말만 되풀이 했을 뿐입니다. 큰어머님이 돌아가신 1년 조금 뒤 어머니는 아버지와 결혼하셨기에 어머니 곁에서 모두 자라오면서 남부럽지 않도록 따뜻하게 생활해 왔는데도 우리들에게 그렇게 쌀쌀하게 대해주었다는 것은 도저히 이해가 가지 않습니다.

우리의 삶은 너무도 고달팠습니다. 어머니를 중심으로 우리 형제들은 홀로 일어서야만 했습니다. 형님이 초등학교 6학년, 제가 4학년 누이동생과 막내는 초등학교도 입학하기 전에 분가를 시켜 어릴 때부터 그 어려움을 감내해야만 했습니다. 왜 우리들이 그 어릴 때 왜 분가시켜야만 했는지 너무도 야박하기만 했습니다. 아무리 생각해 봐도 정상적으로는 그 해답을 구할 수 없었습니다.

형님!

그 추운 겨울인데도 서울에서 아르바이트로 학비와 생활비를 마련해 가면서 온기가 전혀 없는 대학 연구실에서 밤을 지새워가며 공부했던 형님, 그런데도 현실을 비관하거나 의기소침하지 아니한 채 오직 책과 씨름하며 꿈을 위해 한 몸을 불태우셨던 형님이 아니셨습니까. 그렇게 고달픈 여건 속에서도 동생들인 저희들에게 조금만 더 참고 더욱 용기를 내면 반드시 우리 앞에 찬란한 미래가 찾아올 것이라고, 확신에 찬 격려는 저희들에게 얼마나 큰 힘으로 작용했는지 모릅니다.

그러시던 형님이 겨우 무역회사 상무이사로 일하시다가 나이 49세 때 관절염으로 퇴직하시어 고생하시다가 70세에 이르러 저희와 영원히 사별하셨습니다. 어찌 보면 그 관절염도 고등학교와 대학시절 허기진 배를 움켜쥐며 너무 몸을 무리하게 혹사시켰기에 그 결과로 서서히 발병이 된 게 아니었는가 싶습니다.

형님이 생전에 계실 그때 저희들의 인생이 잘 풀리는 것을 보실 때마다 기쁨에 복받쳐 눈물 흘리시면서 내 동생들 정말로 장하다 하시며 기뻐하시던 그 모습, 지금도 눈앞에 어른거립니다. 막내 재연 동생이 한국통신공사(KT)에서 과장, 부장, 국장, 강원도 본부장으로 발령을 받았을 때도 그랬고 제가 고등학교 교사로 또는 대학 강사로 몸담아 있을 당시 각종 상을 수상했을 때도, 제 저서 일곱 권이 출판되었을 때에도 교회 장로로 장립할 때에도 매번마다 그러했습니다. 그리고 정년 이후 지방신문 논설위원, 논설주간으로 명을 받았을 때에도 그렇게 기뻐하셨던 형님이었습니다.

오늘도 그 맑고 푸른 하늘을 쳐다봅니다. 형님이 이루지 못한 그 꿈들이 아직도 하늘 언저리에 도사리고 있을 것만 같아 멍하니 하늘을 바라봅니다. 이젠 장호와 관호가 형님의 뒤를 이어 못다 이룬 꿈을 이룰 것이며 형님이 맺힌 그간의 한(恨)을 저희 동생들이 사랑으로 승화시켜 원만하고 의미 있게 풀어 드릴 것입니다.

형님!

이제 슬픔을 거두려 합니다. 눈물을 거두려 합니다. 아무리 슬퍼한들 다시 돌아오실 수도 없기에 더할 수 없는 슬픔이지만 이젠 거두려 합니다. 부디 하늘나라에서 이 땅에서 이루지 못한 꿈을 맘껏 펼치소서.

2010년 7월 6일 깊은 밤에 재준 동생 올림

고백

금년 겨울에는 유난히도 눈이 내리지 않은 채 포근한 날씨가 계속되었다. 그런데 어제부터 눈보라치며 사납게 내리던 눈이 오늘밤만은 다정한 손님처럼 하얀 눈송이로 소리 없이 내리고 쌓여만 간다. 마치 방탕한 것처럼 어지럽게 내린 어제의 눈이 아니라 까마득하게 망각의 피안으로 사라질지 모르는 온갖 상념들을 불러 모으고 그리고는 오붓이 붙잡아 두게 하는 그러한 눈이다. 지금 그런 눈이 고요히 내 마음에도 쌓여만 간다.

한없이 내린 저 눈송이는 즐거운 사람에게는 한없이 즐거움으로 쌓이고 외로운 사람에게는 외로움이 지치도록 쌓여 가는지도 모른다. 참으로 즐거운 밤도 좋고 외로운 밤도 좋다. 그런데 외로워 눈물 흘리는 밤만은 유독 고달픈 밤이라고 우리는 치부해 버리는 경향이 있다. 그러나 조용히 생각해 보면 외로움이 쌓이고 괴로움에 몸부림친다는 것은 결국은 보다 즐겁고 보다 아름다운 것을 갈망하는 몸부림이요, 보다 풍부한 인생을 희구하고 내일의 행복을 추구하려는 몸부림이 아닐 수 없다.

"슬픔도 괴로움도 모두 모두 비켜라. 안 되는 일 없단다. 노력하면은 쨍하고 해 뜰 날 돌아온단다."란 송대관이 부른 노랫말의 의미를 되새겨 보면 쉬 알 수 있다. 이 가사 속에 얽힌 가난의 한이 얼마나 가슴에 맺힌 몸부림이요, 외롭고 괴로움으로 한밤을 지새우게 했던 가를 넉넉히 엿볼 수 있었다. 눈물로 얼룩진 칠흑 같은 밤이 지나고 나면 언젠가는 반드시 찬란한 태양이 찾아올 것을 굳게 믿고 바라는 몸부림이라고 여겨도 좋다.

그러고 보면 눈이 내리는 밤은 모든 사람이 다 같이 깊은 명상에 잠기는 밤이 아닐 수 없다. 아니, 눈이 내리지 아니해도 고요히 젖어 사색할 수 있는 밤인데 눈이 내리니 더욱 나만의 세계에서 한갓 외롭고 허전함도, 무상한 존재같이 새삼 느껴지는 허허로움도 새로운 세계로 구축해 올리는 값진 시간이니 인생을 얼마나 풍부하게 이룩해 놓은 시간이겠는가. 나의 고백도 이러했으면 좋겠다.

십여 년 전 일월 초순 어느 날이다. 극심한 설인신경통증으로 삼일주야 한잠을 이루지 못한 채 극심한 통증으로 지옥 같은 밤을 지새웠다. 그럴 수밖에 없었던 것은 설인신경통증이 워낙 세계적으로 희귀병이어서 치료 방법이 국내에선 전혀 없었기 때문이다. 그러기에 병원에 가지 못하고 온 가족들은 나를 간호하며 내 시중을 드느라 한잠을 이루지 못했다.

그런데 3일째 되던 날은 자정이 되어 출근할 딸을 재워 놓고 아내 혼자서 나를 간호하는데 육신도 한계가 있는지라 새벽녘에는 순간순간 졸고 있었다. 언제 찾아올 줄 모르는 그 극한의 통증, 불안에 떨고 있는 내 모습, 바로 그 앞에서 꾸벅꾸벅 졸고 있었다. 이해를 못한 것은 아니지만 그 통증이 한번 일어나면 까무러지는 그 와중인데도 졸고 있는 모습이 너무도 서운하고 야속하게 느껴졌다. 맹렬히 타오르는 분화구처럼 끓어오르는 화를 참지 못해 폭발하고 말았다. 그 순간이다. 언뜻 예수님 말씀이 떠오른다. 잠자는 제자들을 향하여 '마음은 원이로되 육신이 약하도다. 깨어 기도하라.'(마가 14:38) 하셨다.

그간 나는 수양이 좀 쌓은 줄 알았다. 그런데 이게 웬 말인가. 양두구육(羊頭狗肉) 격인 비인간이 아닌가? 사랑은 무슨 사랑인가. 장로 직분마저 다 내려놓고 회개할 일이 아닌가? 이대로 지내다가 죽는다면 최후 심판의 날에는 어찌될까? "나는 너를 모른다."라고 하나님께서 말씀하지 않으실까. 몹시 두려운 시간이다. 삶을 되돌아보는 이 시간이다.

순간 또다시 강한 통증이 시작된다. 어쩌면 이 통증은 나를 시험하기 위한 절대자의 의도인지도 모른다는 생각이 들었다. 이 고통을 통해 지옥이 얼마나 무서운 것인지를 체험해 보라는 하나님의 사인(sign)으로 받아들였다. 또다시 강한 통증이 온다. 아~아 신음소리와 함께 의식을 잃고 말았다. 의식에서 깨어 보니 아내가 "정신이 들어요?" 한다. 나는 말 대신 고개를 끄덕였다. 설인신경통증 때문에 입술마저 움직일 수 없어 글로 대신 의사를 전달했다. 아내는 미안하다며 앞으로 졸지 않겠다고 약속했다. 마치 베드로가 스승인 예수님께 약속을 했지만 그가 십자가에 못 박힐 당시 세 번이나 부인(마 69~75)한 것처럼 또다시 약속을 어긴다 할지라도 나는 화를 내지 않겠다고 스스로 자신에게 약속했다.

지금 고요히 깊어 가는 밤이다. 창밖엔 흰 눈이 내리고 쌓여만 간다. 순간 내 어릴 때 고향에서 보아온 눈 덮인 보리밭이 떠오른다. '눈 속에 덮인 보리는 몹시 차갑다. 그러나 이불처럼 눈에 덮여 있기에 모진 한파가 휘몰아쳐도 외부의 영향을 받지 아니했기에 동상에 걸리지 아니했다. 뿐만 아니라 봄철이 되면 따뜻한 햇볕과 함께 눈이 녹으면 습기마저 풍부하여 왕성하게 성장했다. 바로 이러한 현상이 지금의 내 모습이 아닌가. 그간 끝없는 길을 덧없이 걸어가는 나그네처럼 살아왔던 내가 지금 고요히 눈 내리는 밤이기에 지난날의 온갖 상념들을 펼쳐보며 회개하는 시간이다. 더없이 귀하고 값진 시간이다.

인간의 삶 속에 이뤄진 슬픔의 의미와 그 가치
- 고 청석(靑石) 김상태(金相泰) 장로님을 그리며

오늘은 어쩐 일인지 고 청석 김상태 장로님이 그리워진다. 그분은 5개월 전인 지난 2월 11일 이 세상을 떠나셨는데 내겐 여전히 그리움으로 남아 있다. 그분의 따뜻함에 연유되었기 때문이리라. 우리의 속담에 '이사 가려면 인심만은 울타리에 걸어 놓고 가라'는 말이 있다. 이렇듯 그분의 사랑이 내 마음밭에 한 송이 꽃이 되어 그리움으로 곱게 피어 있나 보다

어느 누구든 인생의 여정을 다 마치고 나면 영원한 본향인 천국으로 환원한다. 그분 역시 그러하셨음에도 아쉬움과 그리움이 남아 있기에 떠나신 첫날부터 하관에 이르기까지 슬픔을 안고 참여했다. 정말이지 인생의 허무함을 새삼 느끼는 순간이다. 언뜻 성경 구절이 떠오른다.

'초상집에 가는 것이 잔칫집에 가는 것보다 낫다.'(전 7:2).라는 말

씀이다. 얼마나 의미가 깊은가. 죽음을 가리켜 무신론자들은 '세상의 종말'이라고 한다. 이러한 의미에서 볼 때도 그러하겠지만 기독교적인 의미에서 보면 더욱 그러하다. '죽음은 곧 새 생명의 출발이다.' 그러므로 이 세상에서의 '삶' 그 자체가 얼마나 중요한가를 느끼게 한다. 그간 어떻게 살아왔느냐에 따라 새 생명의 가치가 주어지기 때문이다. 얼마나 많은 생각들을 여미게 하는가. 영원한 시간의 선상에서 볼 때 잠시 머물렀다 가는 인생인데도 경쟁의식 속에서 많은 상처를 주고받으며 살아왔기에 하는 말이다.

인생에는 누구나 삶이 주어진다. 그 삶 속에는 슬픔이 항상 뒤따른다. 생존경쟁에서 삶을 이룩해야 할 우리들은 천사 같은 삶을 살 수 없다. 인간이 살아간다는 것은 슬픔을 딛고 일어서는 것이다. 이것을 우리는 기쁨 혹은 성공이라고 한다. 그러기에 '슬픔이 기쁨의 어머니'라고 말한 지도 모른다. 조용히 생각해 보면 슬픔과 기쁨이 서로 조화를 이룰 때 기쁨이 있지만 그렇지 못할 때 눈물이 고인다. 이때 눈물마저 말라버린다면 인생의 맛과 멋을 어디서 찾을 것인가. 정말이지 '인생이 무엇이기에 그러한가.' 곰곰이 생각해 보지 않을 수 없다.

지난날 내 대학시절이다. 철학시간에 교수님이 "인생은 슬픔으로 구성되어 있다. 슬픔을 불행이라 여기지 말라."라고 했다. 참으로 명언이라 느껴져 바로 노트에 기록해 놓고 그 문장을 외웠던 기억이 있다. 그렇다. 온갖 생의 굴곡과 기복이 주어진 것이 인생이다.

나는 연전(年前)에 프랑스 루브르박물관에서 「모나리자」의 진품을 감상한 일이 있다. 그 얼굴에 담긴 미소는 어딘지 모르게 슬픔이 잠겨있는 듯했다. 화가가 표현하고자 하는 바는 과연 무얼까? '슬픔이 없는 미소는 진정 미소가 아니다.'라고 우리에게 말해주고 있지 않을까? 다시 유심히 바라봤다. 변함없는 생각이다. 아름다움이란 기쁨과 슬픔이 잘 조화를 이룰 때 이루어지는 것이라고 나는 나름대로 단정을 내려 봤다. 웃음과 눈물이 어우러질 때 삶은 행복감으로 이어지는 것이 인생의 원리가 아닐까 여겨진다.

확실히 세상에는 기쁨보다 슬픔이 많다. 뜻대로 되는 일보다 그렇지 못한 일이 더 많다. 그러기에 행복한 사람보다 불행한 사람이 많지 아니한가? 나는 쉘러의 말을 조용히 생각해 본다. '참된 기쁨엔 참된 슬픔이 있고 참된 사랑엔 참된 미움이 있다.' 과연 그렇다. 슬픔을 겪을 때 참된 기쁨의 의미를 발견하고, 미움이 있을 때 참된 사랑의 가치가 드러나지 아니한가.

나는 김 장로님과 깊은 인연이 있다면 한국기독교수필문학회에서 그분을 고문으로 모시고 때때로 조언을 받을 때였을 것이다. 그런데도 오래도록 사귀어 온 사람처럼 그분을 대할 때마다 그윽한 인품이 내 마음에 가득히 밀려옴은 무슨 까닭일까? 순수한 사랑의 향기가 피어오름이 아닐까. 오늘도 조용히 그분을 생각해 본다.

사람의 정이란 이렇듯 크고 강한 것인가

참으로 고요한 밤입니다. 자정을 훨씬 넘은 이 시간, 시계 소리만이 정적을 깨고 맙니다. 이 깊은 밤, 잠이 오지 않는 이 시간, 이러한 시간의 흐름은 과연 무엇을 의미할까요? 끊임없이 순환을 반복하는 자연의 이법일까요. 아니면 영원한 생명의 연속일까요. 온갖 기복을 형성하는 삶의 가치 추구일까요? 나는 이 시간 인간 삶의 과정에서 이루어지는 온갖 기복을 형성하는 삶의 가치 추구를 곰곰이 생각해 봤습니다.

사람의 정이란 이렇듯 크고 강한 것인가를 돌이켜 생각해 보면서 당신과 30여 년이 넘는 긴 긴 세월동안 정을 주고받으며 살아온 일들을 하나둘 떠올려 봅니다. 물론 씻어 버려야 할 일들도 때로 있었지만 그보다 내 마음속엔 못내 그리운 정이 차곡차곡 더 많이 쌓여 있었습니다. 그런데 그러한 정분이 하루아침에 썰물처럼 몽땅 빠져

나간 지금 이 순간 당신의 마지막 모습이 되살아나 내 눈앞에 어른거리고 있으니 어찌 잠이 오겠습니까?

당신을 처음 만난 때가 1987년 초겨울, 어느 분의 문학행사 날이었습니다. 우연히 한 테이블에 앉아 인사를 주고받으며 정담을 나눈 지도 31년이 되었으니 그때의 모습도 언어도 모두 패기 넘치는 때였습니다. 그때 대화 내용은 정확히 기억하지 못하나 「수필문학」이 태동을 마치고 내년에 창간호를 발행하게 된다는 기쁜 소식을 나에게 들려주었습니다. 그리고는 이 길이 고난의 길이요, 험난한 가시밭길임을 잘 알고 있지만 우리나라 수필문학의 발전을 위하는 길이라 여겨 이를 택한 것이라고 창간의 배경을 짤막하게 들려주었습니다.' 실로 당시의 수필문학은 서자 취급을 받고 있는 때라서 이런 잘못된 인식과 풍토를 바로잡아 당당한 문학임을 보여주겠다는 비장한 각오가 서려있는 말씀의 내용이었습니다.

너무도 고맙고 반가운 소식이었습니다. 어떠한 고난이 있을지라도 이를 극복하려는 비장한 각오와 의지는 곧 수필문학의 발전을 이룩하는 원동력이 되기 때문입니다. 드디어 1988년 9월에 창간호가 발행되었습니다. 창간사에서 발행인 강석호(姜錫浩) 회장 당신은 「수필은 미래문학의 중추」라는 제목 아래 "오늘날 많은 문학종합지가 발행하고 있지만 대부분 문학지에서는 수필을 서자취급하며, 특히 어떤 문학지에서는 일반 전문직업인의 산문도 수필이란 이름으로 등재되기도 했습니다. 이런 잘못된 인식과 풍토를 바로잡기 위해서 수필문학의 전문지의 발간은 시급하다고 하겠습니다."라고 말했습니다.

이러한 당시의 풍토 속에서 당신은 30년간의 한 세대 동안 모진 고난을 감내하며 수필문학을 반석 위에 올리는 데 중추역할을 다하셨습니다. 그 하나의 예로 90년대 초부터 10여 년 내내 「수필의 주인공 '나'의 좌표」 「수필과 사소설의 공유성과 한계성」 「고전수필의 현대적 접목」 「한국수필문학의 역사」 등 원로 학자들의 연구 논단을 특집으로 마련하여 '수필문학'을 새롭게 인식시켜 새로운 지평을 여는데 큰 역할을 해오셨습니다. 나는 이를 가리켜 이 땅에 '수필문학의 금자탑'을 쌓은 일이었다고 감히 말할 수 있습니다.

그분은 이제 볼 수 없습니다. 그러나 그분의 업적은 지금 우리 안에 살아 숨 쉬고 있습니다. 그러기에 그 증인의 한 사람으로서 이 글을 쓰는지도 모릅니다. 한 시대가 흘러가고 한 시대가 오면 많은 세월이 흘러갔기에 세세한 것들은 까마득하게 잊어버리는 것이 인간의 기억이 아니겠습니까? 참으로 안타까운 일이기에 내가 아는 범위만이라도 기록으로 남기고 싶습니다.

그것뿐이 아닙니다. 당신은 「한국기독교수필문학회」와 「한국장로문학회」를 창립하는데 기여도가 매우 높았습니다. 그로 인해 「기독교수필」은 금년 제28호를 발간하게 되었고 「장로문학」은 금년 제23호를 발행했습니다. 이로써 문서선교를 하는데 큰 역할을 했다고 봅니다.

이런저런 일을 생각하다 보니 어느덧 새벽이 다가왔습니다. 머지않아 어둠이 사라지고 밝은 새아침이 되듯 수필문학의 서광도 찬란할 터인데 벌써 가시다니요. 지금의 82세는 한창 더 일하셔도 될 연령인데 병마가 못내 원망스럽습니다.

고 강석호 회장님!

이제는 모든 것을 잊으시고 편히 쉬소서. 아픔과 고통이 없는 그 천국에서 환한 미소로 이 땅에서 누리지 못하셨던 기쁨을 맘껏 누리소서.

현대판 보쌈

나는 오늘 고전을 읽다가 언뜻 요즘 변하고 있는 총각들의 결혼의식이 떠올랐다. 비록 기혼녀라 할지라도 정신이 건전하고 생활력이 있는 자라면 이를 개의(介意)치 않고 그를 선택하여 결혼하려고 한다. 그만큼 외적 의식세계보다 내면의 정신세계를 더 소중히 여긴다는 뜻이 아닐까? 아무튼 건전한 정신은 어느 시대를 막론하고 존중받고 있음을 볼 수 있다. 이러한 정신세계가 현대판 보쌈이 아닐까?

조선시대에는 유교사상이 지배해 왔기에 기혼한 여자들은 재가(再嫁)를 법적으로 엄하게 금지시켰다. 이것이 조선 제9대 임금 성종이 공포한 재가금법(再嫁禁法)이다. 이 법을 철저히 지켰던 사대부(士大夫) 가정은 물론 평민들 가정에서도 재가를 금하게 되었다. 그런 관계로 청상과부일지라도 가문의 체면 때문에 어찌할 수 없이 평생 홀로 살아야만 했다. 이러한 법령과 사회풍조 속에서 살아가야 하는 기막힌 현실을 교묘하게 빠져나가는 방법이 보쌈의 형태였다.

한밤중에 장정 여러 명이 과부의 방에 들어가 얼굴을 가린 후 이불보를 씌워 업어다가 결혼하는 형태이다. 그런데 이 보쌈은 극비리에 양 본인(兩本人) 혹은 양가(兩家) 부모의 합의에 의해서 대부분 이루어지는데 이는 조선말 권중익의 문집 『악제집(樂齊集)』을 읽어 보면 그 사실이 잘 나타나 있다.

어느 마을에 아주 얌전한 스무 살 과부가 친정에 와 살았다. 그런데 그 건넛마을 총각이 그를 음밀히 흠모하게 되었다. 그러던 어느 날 저녁 그 과부의 아버지는 사랑방에 놀러갔고 그의 어머니 역시 건넛마을에 다녀오겠다고 나갔다. 그 틈을 이용하여 갑자기 몰려든 장정 다섯 명이 과부를 보에 씌워 업고 달아났다. 이것을 본 동생들이 울며 사랑방까지 달려가 이 사실을 아버지에게 알렸다. 그의 아버지는 급히 달려왔으나 시간도 너무 오래되었고 밤도 깊었으니 어찌할 수 없다는 뜻을 보이며 실의에 잠겼다. 그리고 마을 사람들 역시 안타까워할 뿐, 이 밤중에 어디 가서 찾겠느냐며 포기한 채 돌아갈 뿐이었다.

이 책을 쓴 저자 권 씨도 당시 어린 나이라서 어른들의 무능함을 원망했으나 훗날 장성한 뒤에 알고 보니 그 일이 극비리에 이루어진 양가의 합의에 의한 것이었음을 알게 됐다고 기록했다. 과부의 부모는 일부러 그날 밤 집을 비웠다 한다. 그리고 그 과부 역시 곱게 화장을 하고 보쌈꾼들을 기다렸다는 것이다. 그 후 10년이 흘렀다. 그날 밤 납치된 과부는 그의 남편과 예쁜 아들딸의 손을 잡고 찾아왔고 그의 부모 역시 사위와 딸, 손자와 손녀를 반갑게 맞이했다는 내용이다.

또 조선 14대 임금 선조 때의 일이다. 『퇴계언행록』 제5권 잡기편을 보면 퇴계 선생의 심중(心中)이 잘 드러나 있다. 그분의 맏아들이 스물한 살, 젊은 나이로 세상을 떠나자 그 파란 젊은 맏며느리가 자식도 없이 청상과부(靑孀寡婦)가 되었다. 남편도 자식도 없는 그 며느리가 어떻게 한평생을 홀로 보낼까. 혹여 무슨 일이라도 생기면 자기 집과 친정집 모두가 누가 될 것이기에 여간 조심스럽지 않았다. 그러기에 한밤중이면 일어나 집 안을 순찰하기도 했다.

어느 날 깊은 밤이다. 집 안을 둘러보고 있던 퇴계 선생은 깜짝 놀랐다. 며느리 방에 불이 켜 있지 않았는가. 가까이 가 들어보니 누구와 분명히 대화하고 있었다. 누구일까. 명확히 알 수 없으나 소곤소곤 이야기하는 소리가 들렸다. 순간 얼어붙은 심정이었다.

점잖은 선비로서는 차마 할 수 없는 일이었지만 며느리 방을 엿보지 않을 수 없었다. 그런데 젊은 며느리가 술상을 차려놓고 짚으로 만든 선비 모양의 인형과 마주앉아 술 한잔 가득 따라 놓고 "여보 한잔 잡수세요. 어서 잡수시라니까요." 이렇게 권하면서 그간의 외로웠던 심정을 털어놓고 난 뒤 소리가 날까 봐 숨죽여 흐느끼는 며느리였다. 그 인형은 바로 자기 아들의 모습이 아닌가.

퇴계 선생은 깊은 생각에 잠겼다. '윤리는 무엇이고 도덕은 무엇이냐. 저 젊은 며느리를 수절시키는 것이 과연 옳은 일이냐. 너무도 가혹한 게 아니냐. 인간을 처절하게 구속시키는 것이 어찌 윤리이고 도덕이겠느냐. 자유롭게 풀어주어야 한다. 이렇게 자문자답하고는 이튿날 퇴계 선생은 사돈을 자기 집에 청했다.

사돈인 친구는 영문도 모르고 찾아왔을 때 "며느리가 너무 젊고 참하여 차마 볼 수 없네. 그러니 자네 딸 데려가게." 그러자 친구인 사돈은 "안 되네, 양반 가문에서 이게 무슨 말인가?" 이렇게 딱 잡아떼었으나 퇴계 선생의 완강한 권유에 어찌할 수 없이 그는 딸을 데려오고 말았다. 물론 학문으로 터득한 인간 본연의 심리, 고요한 내면의 세계까지도 꿰뚫고 있는 그의 깊은 마음 때문에 더 이상 거절할 수 없었다. 이렇게 해서 친정에 온 그는 얼마 되지 않아 보쌈의 과정을 밟아서 재가(再嫁)를 했던 것이다.

예나 지금이나 남편의 사랑을 지극히 받아 온 자가 갑자기 홀로 지내기란 어려운 일일 것이다. 살을 여미는 아픔이랄까. 아마 그보다 더할 것이리라고 여겨진다. 육체의 아픔은 약으로 치료할 수 있지만 고독으로 한 밤을 지새우기란 무엇으로도 치료할 수 있을 것인가. 이러한 밤이 어찌 쌓이고 또 쌓이지 않겠는가.

이런저런 생각을 하다 보니 지금도 퇴계 선생과 같은 그런 분이 있었으면 참 좋겠다. 자신의 입장과 체면을 내세운 사돈 친구와 같은 사람은 얼마나 많은가? 그러나 자기의 처지나 형편보다 남의 인생을 더 소중히 여기고 존중해 주며 염려해 주는 그런 분이 얼마나 많은가. 나는 때때로 고전을 읽으면서 나를 되돌아보게 한다. 그리고 세상을 새로운 눈으로 바라보는 지혜와 삶의 깊이를 다시 한번 음미해보는 좋은 기회가 되었다.

4

추억이 밀려올 때면

인정을 시급히 되찾아야 할 시대

지금처럼 물질이 풍부할 때가 우리의 삶 속에 언제 있었던가. 그럼에도 오늘의 삶이 고단하고 팍팍하다고 한다. 그 이유는 뭘까? 인정이 통하지 않는 삶이기 때문이리라. 지난날 우리는 가난했을지라도 인정이 풍부하여 모든 것을 극복할 수 있었다. 이웃이 같이 눈물을 흘려주고, 의욕을 잃지 않도록 도와주며, 격려해 줄 때 활력을 되찾아 생명감이 약동했었다.

그러나 인정이 메마른 현실에서는 원하든 원치 않든, 사회의 조류에 휩쓸려 자기의 감정마저 조작당하고 만다. 어찌 보면 오늘의 삶은 능동성이라기보다는 수동성이어서 정신적인 피폐가 죽음을 불러오는 것이 아닐까 이렇게 생각될 때가 참으로 많다.

여기에는 진정 인간의 생명력도, 인간의 존엄성도 있을 리가 없다. 그런데도 인간들은 인정보다는 물질을 더 소중히 여겨 그것을 긁어모으는 데 혈안이 되고 있다. 물론 자신의 안일을 위해서이겠지만 그 안일이 찾아오기도 전에 이미 공허한 마음이 되어 우리를 사로잡고 만다. 그를 메꾸기 위해서 술과 마약과 성(性)적 쾌락 등을 찾아다닌다. 그러니 오늘의 삶이 진정 행복한 삶이라 할 수 있을까?

이 땅에 유토피아를 건설하겠다고 야심 차게 약속을 하며 출발했던 과학은 또 어떠한가? 말대로 이루어졌는가? 물론 겉으로는 찬란하게 발전을 거듭해 왔기에 옛날에는 상상도 못할 만큼 눈부시게 발전해 왔다. 그 예의 하나가 4차 산업이다. 인공지능으로 펼쳐진 로버트 세상은 참으로 편리하고, 편리해질 것이다. 그러나 우리의 삶은 진정 어떠한가?

인간이 전혀 예상치 못했던 일들이 과학의 발달로 우리의 삶을 짓누르고 있다. 로버트가 우리의 일자리를 빼앗고 있는 실정이다. 그간 우리가 선망해온 의학계의 의사나 법조계의 판사를 보면 의사만이 할 수 있는 환부 수술을 로버트가 대신하고 있고, 검·판사 역시 자동화로 인한 대체기능을 미국 노스웨스턴대학교 교수 연구진에서 가능성을 열어 놓고 있다고 한다.

그간 인간이 해왔던 일들을 로버트가 몽땅 대신하는 관계로 정치가 일자리 때문에 고민하고 있고, 경제가 이를 어떻게 수용해야 할지에 대하여 요동치고 있으며, 인간은 인간대로 기계의 노예가 되어 인간상실 시대를 예고하고 있는 듯하다. 이것이 과학문명이 주는 것이라 한다면 인간의 욕구를 충족시켜 주는 데 실패했다는 증거가 아니겠는가?

물질도 과학문명도 인간의 만족은커녕 불행을 자초하는 것이라고 한다면 창조주가 인간에게 부여해 준 행복의 조건은 무얼까? 사랑이다. 인정으로 서로 도와 가며 살아가는 일이다. 남을 배려(配慮)해 주고, 인정(認定)해 주고, 존중(尊重)해 줄 때 삶의 의욕이 용솟음치는 것이다. 어떠한 고난과 역경도 물리칠 수 있는 길이다. 이것은 나 스스로가 먼저 남에게 베풀어야 할 일이다. 이것이 사랑이다. 이럴 때 행복이 찾아온다. 그러기에 성경 66권을 한 단어로 요약한다면 '사랑'이다. '사랑의 힘이 얼마나 위대하고 절실한가'를 깨닫게 하는 시대가 바로 오늘의 현실로 다가왔다. 지난날처럼 시기 질투하는 삶은 공멸(共滅)하는 길이요, 서로 사랑할 때 공존하는 시대가 바로 오늘과 미래에 전개될 사회다.

4차 산업에서 출현한 로봇은 그 지능이나, 정확도가 뛰어나 인간보다 능률적이요, 실기(失期)하는 일이 없기에 신뢰할 만하다. 한 번 로버트에 입력을 해놓으면 어떠한 경우일지라도 그대로 시행한다. 그리고 부족하거나 보충할 것이 있으면 얼마든지 수정 보안할 수 있다.

또 인공지능의 특징의 하나는 어떠한 경우도 책임을 지지 않는다는 점이다. 그 예로 '무인운전자동차가 사람을 다치게 해 놓고도 그 책임은 자동차 제조업체에게 떠넘긴다. 나는 기계임으로 입력한 대로 했을 뿐이다.'라고 하는 것이 인공지능이라고 한다.

인간은 위대하다. 사랑은 오직 인간만이 지니고 있다. 사랑 곧 인정(人情)으로 이루어진 그 세미한 감정을 로버트에 다 입력시킬 수 없다. 또 일에 책임질 수 있는 주체 역시 인간뿐이다. 그러한 사랑과 책임 아래 하는 일마다 무한히 발전, 향상, 번영할 수 있을 것이다. 앞으로 이러한 방향으로 일자리를 창출, 개발해 낸다면 아무리 4차 산업이 판을 친다 해도 인간은 풍성한 일자리로 삶이 행복해질 것이다.

계절의 향취

봄은 아직 수줍기만 한 처녀의 미소 같은 계절이라 한다면 여름은 젊음을 불태우는 정열의 계절이라 명명함이 어떨까? 이런 계절의 향취를 나름대로 곰곰이 생각해 보았다.

지난 3월 중순 토요일 오후였다. 나는 한가한 주말이라서 오전 내내 늦잠을 자고 일어나 보니 아직도 날씨는 싸늘하게 느껴진다. 그런데도 창밖에 보이는 나뭇가지는 새봄을 알리는 듯 새 생명이 움트려고 수피가 한껏 부풀어 있다. 매년마다 보아온 봄의 활력이었건만 오늘 느끼는 생명력의 가치는 정말이지 위대하게만 느껴졌다. 이것은 신의 창조요, 자연의 이법이라 느낄 때 한없이 움츠리고 있었던 나의 모습이 마냥 부끄럽게 느껴졌다. 가슴을 활짝 펴고 가뿐한 마음으로 봄을 맞이하지 못하고 왜 이러했을까. 생각하면서 밖으로 나갈 채비를 서둘렀다.

가벼운 옷차림으로 집 근처 굴포천 강둑을 거닐었다. 엊그제까지만 해도 상막하게 보였던 이곳이 아니었던가. 그런데 언제 이렇게 기름기 반지르르한 어린 새싹들의 잔치가 이루어진 봄날이 되었던가? 하루가 다르게 변해 가는 자연의 이치가 너무 신비로웠다. 참신한 저 생명력, 그리고 코끝을 시치는 물큰한 흙냄새, 어쩌면 저리도 내 마음을 사로잡는단 말인가. 나는 더 이상 앞으로 나갈 수 없어 쭈그리고 앉아 신선한 그들의 모습을 한동안 물끄러미 바라보았다. 신비스러운 봄날의 정경에 흠뻑 젖은 나의 기분을 어느 계절에서 맛볼 수 있을 것인가. 참으로 그윽한 봄의 숨결이다.

봄은 생명력이 약동하는 계절이다. 겨우내 뿌리에서 뿌리로만 흐르는 수액(樹液)이 줄기를 타고 세차게 뽑아 올리는 그 열정이 있기에 잎도 피고 꽃도 핀다. 그뿐 아니다. 닫혔던 사람의 마음까지 활짝 열게 하는 계절이 바로 봄이다. 겨우내 쌓이고 쌓여만 갔던 사념의 찌꺼기가 훈훈한 봄바람과 함께 말끔히 씻겨져 마침내 순수한 사랑의 꽃이 핀 것이다. 그러기에 봄철을 가리켜 예로부터 여성의 계절이라고 하고 결혼예식 역시 어느 계절보다 봄철이 많았던 것이 사실이다.

아무튼 봄은 생명을 일깨우고, 그리움을 일게 하나 보다. 해마다 봄이 되면 무언지 나도 모르게 부풀어 오르는 마음 하나가 있다. 도무지 무어라 말할 수 없는 충족되지 못한 그리움이랄까, 그럴 때면 맑게 흐르는 시냇물 소리에 마음을 기울여 본다. 그러다 보면 자연의 싱그러운 생명감이 허전한 마음에 가득 채워지고, 그럴 때면 우주 창조의 신비력 앞에 고개를 숙인다. 그리고는 절대자에게 경건한 마음으로 감사 기도를 드린다. 그러면 멀리서 가까이서 야들야들한 봄바람이 나를 감싸주어 기분을 들뜨게 한다. 이것이 봄날의 유혹인지도 모른다. 봄철만이 지니는 자연적인 유혹, 얼마나 우리의 마음을 살찌게 하는가. 가늘 길 없는 봄의 그윽한 정서다.

또 여름은 어떠한가. 삼복더위가 기승을 부릴 때면 시원한 바다가 그리워진다. 한없이 넓고 큰 바다, 태초부터 철썩거리는 물결과 그 음향은 원시 본연의 자태였고 그 속에는 무수한 생명들이 아름다운 전설과 함께 살아오고 있다. 그러기에 생명이 살아 숨 쉬는 소리는 세상과 함께 억겁으로부터 변함없이 이어 내려온 것이다.

아무리 세상이 변하고 사람의 인심이 변했을지라도 밤과 낮은 여전하고 사철의 변화도 어김이 없다. 다만 인간이 지구를 파괴하기에 그 변화는 다소 있기 마련이지만 그러나 파괴를 그치면 회복이 빠르다. 그 한 예로 여름철의 태양은 모든 곡식을 여물게 하는데 홍수로, 가뭄으로 한두 해 피해를 입을지라도 곧 회복된다. 그리고 언제 그랬느냐는 듯 여름의 서정은 변함없이 알뜰한 사랑을 속삭이게 하는데 다함이 없다. 이러한 영원한 질서인 자연 이치는 예나 지금이나 변함이 없지 않은가?

여름 하면 어찌 바다뿐이겠는가. 더위를 시켜주는 옹달샘도 있고 시원한 바람이 소통하는 우람한 정자나무 아래도 있다. 그뿐인가? 여름밤의 서정은 어떠한가? 한낮의 지열이 식지 않아 헉헉대던 밤도 있지만 한여름을 조금 비켜선 늦여름의 서늘한 밤은 밝은 대낮보다 깊어 가는 밤의 시간이 우리의 정서를 불러일으키고 있으니 얼마나 보배로운 시간인가. 밝은 달밤이면 더욱 예리한 우리의 감정에 사로잡혀 흔들리는 마음을 주체할 수 없을 때도 있었다. 모든 사랑이 무르익는 밤이라고나 할까? 고요한 밤의 시간은 너무 짧게만 느껴지던 날도 있었다. 이러한 감정을 불러일으키는 이한직(李漢稷) 시(詩) 한 수가 떠오른다.

고요히 짙어가는/ 원시의 밤/ 중천에는 만월이/ 관능의 들에는/ 난만한 꽃이/ 말리는 사람이 있건/ 뿌리치고 오더라.

이단의 신들이/ 생명을 노래하는 곳으로/ 아, 이 한밤/ 여체의 불꽃이 조응(照應)하는 것/ 푸른 달빛은/ 쏟아져/ 인습의 의상을 벗은/ 옥이의 나신을/ 환희한다.

천상의 가락은 둥둥둥 둥둥/ 꽃을랑 꺾어/ 나의 가슴을 장식하고/ 생명의 축제를 위하여/ 너는 그 법열(法悅)에 눈물을 지으라.
(중략)

이 시인은 고요히 짙어가는 여름밤을 원시의 밤이라고 했다. 이 원시의 밤은 아담과 이브가 거닐던 에덴동산이라고 해도 좋겠다. 그 동산에서 그들은 나신(裸身)의 몸으로 꽃을 꺾어 가슴에 장식하고 황홀한 꿈속에서 달이 지도록 마음껏 사랑을 속삭였을 것이다. 그 법열 때문에 가슴을 태우는 황홀한 여름밤이 아니었을까? 그러기에 진리에 사무친 눈물을 지을 수밖에 없었을 것이다.

이렇듯 고요한 여름의 달밤은 행복의 밤이기도 하고, 가슴을 태우는 밤이기도 하며, 참회의 눈물을 하염없이 쏟아내는 그런 밤이기도 하다. 그러기에 가슴으로 절절히 느껴지는 적막한 달빛은 밝다 못해 푸른빛으로 우리 곁에 남아 영원히 속삭일지도 모른다. 나 또한 무어라 말할 수 없는 충족되지 못한 그리움으로 남아 있기에 오늘 이 밤도 깊은 생각에 젖어 있는지도 모른다.

시련을 극복해 가려는 몸부림

날씨가 몹시 덥다. 지금은 밤인데도 밖의 온도가 30도를 오르내리고 있다. 이 불볕더위는 깊은 밤까지도 지열이 식지 않아 열대야로 잠을 이룰 수 없다. 이 더위가 서민들의 피곤한 삶을 더욱 가중시키고 있지 않는가? 나는 더 이상 에어컨이 설치된 거실에 있을 수 없어 밖으로 나왔다. 깊은 밤인데도 잠을 이루지 못한 채 헉헉거리는 쪽방 어른들과 일자리가 없어 그 능력을 발휘하지 못하는 젊은이들의 안타까운 모습이 떠오르기 때문이다.

밤하늘의 뭇 별들은 반짝이면서도 열대야를 식히려는지 간간이 구름에 잠기기도 한다. 저 별들은 지금 구름으로 덮여 더위를 시키고 있는데 그것마저 없는 어른들의 밀집된 쪽방은 자연이 주는 바람마저도 혜택을 받지 못한다. 얼마나 안타까운 일인가. 참으로 가슴이 아프다. 무어라 위로의 말을 드려야 할지 모르겠기에 마음이 무겁다.

또다시 하늘을 바라본다. 반짝이는 별들은 어쩌면 젊은이들의 모습이 아닌가 싶다. 밤낮으로 고민하고 있는 그들의 모습처럼 느껴진다. 무엇을 시켜도 능히 해낼 수 있는 능력의 소유자다. 미래를 위해 학벌도 갖추었고 실력도 만만한데 일자리가 없다. 코로나19로 인해 일용직마저 빼앗겨 버린 그들이다.

기승을 부리는 더위는 금년만이 아니다. 매년 여름마다 찾아와 우리를 힘겹게 한다. 분명히 차이는 있을지언정 그 불볕더위는 참기 어려운 것은 사실이다. 금년 여름만도 기승을 부리는 무더위 때문에 무참히도 노인 3명의 생명을 빼앗아 갔다. 참으로 슬픈 일이다. 이런 상황을 지켜보면서 곰곰이 생각해 봤다.

현실이 고달프면 고달플수록 꿈은 멀리서 가까이서 아롱거리기 마련이다. 그러기에 고달픈 인생일수록 꿈을 버릴 수 없고 미래에 대한 꿈이 더 절실하게 느껴졌는지도 모른다. 이렇게 말하면 혹자는 내 말을 비웃을지 모르겠다. 조용히 생각해 보라. 그러면 해답이 나올 것이 아닌가 생각된다. '승리의 반대는 패배가 아니라 포기'라는 사실이다. 포기는 좌절에서 오는 심리요, 그 좌절의 심리는 의욕을 상실케 한다.

그러나 패배는 실패에서 비롯된다. 실패란 최선의 노력을 다해도 어찌할 수 없이 그르친 일이다. 이러한 경우를 두고 하는 말이기에 실패를 찬양하는 명언들이 있지 않는가? 에디슨은 "실패는 성공의 어머니"라고 했고 로버트 F 케네디는 "실패를 감수하는 자만이 성공을 얻는다."라고 했다. 이 말은 실패를 통하여 무한한 성공의 가능성을 배운다는 의미이다. 그러기에 핀란드에서는 실패의 날을 제정하여 성공의 날보다. 더 성대히 행사를 치러 실패자에게 의욕과 용기를 북돋아 준다고 한다.

참된 보람을 찾고자 괴로워한다는 것은 어느 의미에서 보면 분명 행복을 위한 괴로움임에 틀림이 없다. 그러기에 뼈를 깎는 그 아픔도 능히 참아낼 수 있다. 아니 그 앞에 무릎을 꿇어도 심장이 뛴다. 심장이 뛴다고 말하기보다는 요동친다 함이 정확한 표현이리라. 이것이 꿈이다. 푸른 인생의 꿈이다. 인생을 약동케 하는 푸른 꿈이다.

2000년 3월 어느 날이다. 당시 내가 근무하는 국립 모 공업고등학교에서는 잡다한 일을 처리하는 말단 고용직 한 명을 뽑기 위해 신문에 광고를 냈다. 이에 20여 명이 응모했다. 그중에는 대학원을 졸업한 분도 있었다. 학력이 높은 자이기에 이런 일을 할 수 있을까? 주최 측에서는 고민을 하지 않을 수 없었다. 그러나 학력에 의해 제재할 수 없는 일이기 일단 응시하도록 했다.

시험장은 누구나 볼 수 있도록 공개적인 장소라서 실기를 치르는 모습을 볼 수 있었다. 모래를 담은 자루를 어깨에 메고 목적지를 향해 뛰는 일, 망치를 들고 주어진 일을 재치 있게 처리하는 과정, 리어카에 주어진 양의 짐을 싣고 정한 시간에 어떻게 목적지에 도착하는가 등 15개 종목으로 시험을 치렀다. 채점결과도 그때그때 공개되어 누구나 감지할 수 있었다.

그리고 현장에서 합격자 발표를 했는데 어느 누구도 이의가 없었다. 대학원을 졸업한 분이 가장 높은 점수였다. 종목마다 최선을 다

하는 그의 모습은 보는 이들에게 감동을 주었다. 언제 저런 일들을 해봤던가. 저리도 흐트러짐 없는 정신력으로 일들을 해 나갈까. 그러기에 일의 능률도 오르지 않는가? 응당 높은 점수를 받은 것이 당연하지 등, 보는 이들마다 한마디씩 한다. 그분이 합격한 것을 보고 덩달아 기뻐한 자도 있었다.

2001년도 나는 퇴임했기에 그 뒤는 알 수 없다. 들리는 말에 의하면 행정직원 한 분이 오랜 기간 병가로 결근했을 때 그 공백 기간을 그분이 메웠다고 한다. 그분의 성실함을 교장도 행정과장도 모두 인정해온 터인데 사무 능력도 대단하다는 평을 받고 있다는 말을 들었다. 그 뒤의 일은 난 잘 모른다. 추측해 볼 때 아마 그분이 행정직으로 전환, 보직을 받지 아니했을까 여겨진다. 그 학교는 비록 지방에 있지만 국립고등학교라서 직책의 전환은 소속기관장 추천에 의하여 당시는 가능했다.

모든 것은 의욕과 성실에 있다. 그러기에 옛 속담에 '정승도 자기가 싫으면 그만이다.'란 말이 있다. 아무리 귀한 벼슬일지라도 그리고 능력이 많다 할지라도 의욕과 성실이 없으면 무용지물(無用之物)이라는 뜻이 아닐까?

지금은 삼복더위다. 그 기세가 태초의 음양(陰陽)을 변화시킬 듯, 지구 곳곳에서 기상 이변을 일으키고 있다. 그러나 생각해 보면 억만년을 흘러온 자연의 이치는 조금도 변함이 없다. 있다면 자연을 파괴해 왔기에 그 대가일 뿐이다. 이 순간도 아랑곳없이 탐스러운 결실을 위해 화사한 꽃잎이 지고 오직 열매 맺는 가을을 향해 뜨거운 가슴을 열어젖히고 있다. 푸른 녹음도 보는 이의 시원한 눈길을 위해서가 아니라 다만 결실을 위해 존재하고 있을 뿐이다. 그렇다. 이것이 무한한 생명의 질서요, 영원한 가치가 아닌가?

나는 자연의 이치를 조용히 생각해 본다. 자연은 언제나 영원한 생명의 질서를 일으키고 있다. 동경의 세계와 속삭이고 있다. 동경은 아름다운 꿈이다. 아름다운 꿈은 언제나 푸르고 싱싱한 사색을 불러일으킨다. 인간 특히 젊은이로 하여금 의지와 용기를 일으키고 정열을 불태우게 한다. 이것이 젊음의 자본이요, 인생의 최고의 가치가 아닌가? '하늘은 스스로 돕는 자를 돕는다.'라고 했다. 이 명언을 가슴 깊이 되새기며 다시 주먹을 불끈 쥐자.

사랑은 과연 무얼까

오늘날 미투(me too)가 온 세상을 뒤흔들고 있다. 짐승같이 이성 없는 그들의 정욕이 음란으로 들끓고 있다. 그러기에 나는 요즘 고전을 읽으면서 깊은 사색에 젖어 보는지도 모른다. 하기야 정욕이 사랑의 동기가 되기도 한다. 이성을 동반한 정욕은 뜨거운 사랑으로 이어지면서 하나만의 심장으로 다져지기도 한다. 그러나 정욕만으로 끝날 때에는 이성 없는 동물과 무엇이 다른가.

내가 요즘 읽고 있는 고전은 모두 이별의 가슴 아픈 사연들이다. 사별이든 이별이든 그 아픔은 너무도 절절하고 통절함이기에 차라리 차안에서 피안으로 흘려보내고 싶은 심정을 담고 있다. 얼마나 아프면 그러할까? 여기에 담긴 그 사연들을 잠깐 생각해 보기로 하자.

책에 나오는 두 여인은 모두 조선 시대에 살았던 자들로서 실화이다.

그중 어느 한 여인은 청상과부의 애절한 이야기다. 그는 17세에 15세의 남편과 결혼했다 결혼할 때 남편이 어린아이로만 알았더니 깜찍하게도 사내 구실을 잘하더라는 것이다. 그 여인은 19세에 딸을 낳고부터 남편이 폐결핵으로 시름시름 앓게 되자 시할아버지 명령으로 남편은 사랑채에서 침식을 같이하며 일체 안채를 들여다보지도 못하게 하였다. 그 때문에 그 여인은 19세 때부터 생과부가 되었다고 한다. 그런데도 남편은 도둑 잠자리로 아들 하나를 더 낳고는 그만 남편은 세상을 떠났다는 애달픈 이야기다.

젊은 나이의 과부생활은 실로 상상할 수 없으리만큼 어려운 모양이었다. 아이 밸 때쯤 되면 젊은 과부에게는 짐승처럼 발정기가 있다고 한다. 그때에는 체면이고 무엇이고 간에 도망쳐서 초란이나 종놈하고도 살고 싶은 마음이 울컥 일어나 몸부림치지 않을 수 없었다고 한다. 그때마다 지난날 남편의 사랑의 눈빛이 떠오르고, 사대부집이라고 행세하는 시집과 친정 부모가 떠올라 멍해진 가슴을 안고 밤새껏 눈물을 흘리며 정욕을 달랬다 한다.

또 어우동(於宇同)의 이야기다. 그는 조선전기의 시인이고 서예가이며 무희가(舞姬家)면서 기녀이기도 하다. 본래 그는 양반 출신으로서 왕족인 남편과 결혼했으나 얼마 안 되어 이혼했다 한다. 그 후 그는 조정의 고위 관료들과 연루되어 성추문의 주인공이 되었는데, 그의 부모는 행실이 단정해야 한다고 내내 종용했으나 끝내 말을 듣지 아니하고 늘 욕정에 사로잡혀 있었다고 한다. 그의 아버지는 더 이상 참지 못해 가문의 호적에서 그를 파내 버렸다. 그뿐만 아니다. 1480

년 성종 11년에 성문란 형태가 발각되어 김종직과 이덕숭 등의 탄핵을 받고 그는 의금부에 잡혀가 모진 고문을 받았고 끝내는 삼종지도(三從之道)의 죄목으로 사형당했다 한다.

삼종지도는 당시 여자가 지켜야 할 세 가지 도리를 문란하게 어겼다 하여 붙여진 죄명이다. 그녀는 아무리 시와 거문고, 가야금, 춤 등의 재능이 당대에 뛰어났다 할지라도 음탕한 여자라 하여 그 재주마저 묻혀버린 채 조선왕조가 멸망하기까지 음탕한 여인의 대명사로 남아 있었다 한다. 이러한 사실을 권응인(權應仁)의 저서인 『송계만록(松溪漫錄)』에서 잘 기록되었고, 전자의 과부의 이야기는 김준영 교수의 산문집에서 잘 나타나 있다.

이 두 여인의 공통점은 모두 조선시대에 살아온 혈통이 양반 가문이라는 점과 물 끓듯 일어나는 정욕이라는 점이다. 그러나 다른 점은 전자의 과부는 자신이 지켜야 할 정절의 의무와 사회적으로 존중해온 양반의 체통을 먼저 생각했다는 것이고, 후자인 어우동(於宇同)은 가문이든, 부모의 교훈이든 모두 뿌리친 채 자신의 욕구대로 행한 것이다.

과연 사랑은 무얼까. 오늘날 세상을 떠들썩하게 만든 미투가 진정 사랑일까. 정욕일까? 비록 여성인 어우동의 행동은 오늘의 미투와 무엇이 다른가. 욕정을 이기지 못했기에 그 뛰어난 재능도 가문도 명성도 모두 수포로 돌아간 채 음탕한 여인으로 사형을 당했고 조선시대의 음란하고 방탕한 여인의 대명사가 되었다. 사랑은 정욕과 전혀 다르다.

사랑은 오직 고귀한 것이다. 어떠한 고난에도 참고 이겨내는 힘이 곧 사랑이다. 탐스러운 씨앗을 맺기 위해 끝없는 시련에도 이를 인내하는 원리는 씨앗을 맺기 위한 것이다. 꽃 빛깔의 아름다운 것도 향기를 뿜어내는 것도 '암수'술의 교배를 위한 것이기에 일종의 사랑의 몸부림이다. 일단 교배가 끝나고 나면 꽃이 시드는 것이지 수정이 계속 이루어진 것은 아니다. 이것이 자연의 사랑이다. 인간의 고귀한 사랑은 이보다 더 진하다.

로미오와 줄리엣은 죽음으로 사랑의 극치를 표현했고 역사적으로 볼 때 사랑을 위해 왕관도 버린 예가 한둘이 아니었다. 이들은 인간 '사랑의 정의'를 말해주고 있다. 죽음보다 강한 것이 사랑이요, 왕의 절대적인 지위나 화려한 영화보다 더 값진 것이 사랑이라고….

제정신을 가지고 살자

얼마 아니면 서울 시장과 부산 시장 보궐선거를 치르게 되고 뒤따라 대선을 치러야 한다. 선거 때만 되면 특히 빈말이 무성해서 무엇이 옳고 무엇이 그른 것인지 갈피를 잡지 못할 만큼 무성하다. 과거의 선거는 '사랑방식 선거'였다. 사랑방 안에 식견 있는 한 사람이 '그 사람 참 인물이야'라고 하면 거기에 모인 사람들이 생각해 볼 겨를이 없이 그는 인물이 되고 만다. 그뿐 아니라 말이 발이 달려 퍼지면 그 여파는 무시 못 할 정도였다. 이것이 과거 선거였다면 오늘의 선거는 어떠한가?

'형식만 다를 뿐이지 예나 지금이나 다를 바 없다.'라고 보는 자들도 적지 않다. 그 한 예로 날마다 우리의 귓가에 호소라도 하려는 듯 또는 납득시키려는 언어로 만들어 낸 거짓 뉴스들이 사회 곳곳에 퍼져 있는 것이 현실이다. 그런데도 많은 사람들은 그러한 뉴스를 거르거나 씻어내지도 아니한 채 받아들여 또다시 거침없이 쏟아내고 있다. 핸드폰에 매일같이 쏟아져 나오는 문자 메시지가 그렇고 소모임의 이야기 내용도 그렇다.

우리의 속담에 '말은 한 번 내뱉으면 주워 담지 못한다.'는 말이 있다. 이는 크건 작건 간에 파장을 일으킨다는 의미다. 흙탕물이 맑은 물을 흐리게 하고 유조선이 한번 사고를 일으키면 물고기들이 떼죽음을 당함은 물론 인근해역까지 많은 피해주는 것을 우리는 때때로 잘 살펴봤고 깊이 있게 생각을 해봤다. 언어도 이와 마찬가지가 아닌가?

우리의 현실을 살펴보면 제정신을 차리지 못하고 살아가는 자들이 적지 않다. 참으로 안타깝다. 환경을 오염시키는 것은 산업의 내연이나 폐기물이라고 한다면 인간의 혼을 오염시키는 것은 과다한 정보가 의미 없이 소음으로 이루어져 제정신을 차리지 못하게 하는 것이다. 그러다 보니 속물로 전락한 채 살아가고 있다. 그들은 얼마나 의미 없는 삶인가?

미국의 소설가 솔 벨로우가 1976년 노벨문학상을 받을 당시 한 말이 떠오른다. "인류의 핵심문제는 자유를 쟁취하기 위해 집단적 권력과 투쟁하는 일이며, 개인의 핵심문제는 자기의 영혼을 지키기 위해 비인간화(非人間化)와 싸우는 일이다."라고 했다. 자기 영혼을 지키기 위한 비인간화와 싸우는 언어란 무얼까? 참으로 깊이 생각해 볼 일이다,

오늘날처럼 복잡하고 시끄러운 사회 속에서 제정신을 잃고 떠밀려

살아간다면 큰일이다. 자신은 저속한 인간이 되고 사회와 국가는 혼란이 야기된다. 그런데 퍽 다행스럽게 여기는 것은 많은 국민들이 과거와 달리 정치를 염려하리만큼 높은 수준에 이르렀다는 것이다. 정치인들을 깜짝 놀라게 했던 지난해 선거 압승 결과만 봐도 그렇다. 물론 코로나 방역성과와 야당의 반사이익의 결과임을 부인 못할 것이다. 정치인들은 국민을 두렵게 여겨야 한다.

모든 선거는 결과적으로 국운이 달려 있다. 그러기에 한마디로 말하여 제정신을 가지고 살아야 하고 선거에 임해야 한다. 이러한 삶이 자신의 발전은 물론 국가가 융성하게 발전하는 길이다.

엔조이

팔월 중순을 넘어선 새벽 공기는 참으로 신선했다. 춥지도 않고 덥지도 않는 산뜻한 바람을 맞으며 걷는 그 시원함은 참으로 경쾌했다. 그러나 내가 타야 할 열차 시간이 촉박해서 걸음을 재촉해야만 하니 퍽 아쉽다. 나는 고향에 볼일이 있어 영등포역에서 오전 6시 50분에 출발하는 호남선 열차를 탔다. 내 좌석 옆자리에는 20대 청년 3명이 의자를 돌려 맞대어 놓고 마스크를 쓴 채 정답게 이야기를 나누고 있는 중이었다. 그들은 나에게 불편하지 않으시다면 의자를 이대로 놓고 동석하는 것이 어떻겠느냐고 묻기에 좋다고 했다. 이렇게 하여 자연스럽게 그들과 자리를 같이하게 되었다.

청년들의 대화는 퍽 잡다했다. 그러나 핵심적인 내용은 '어떻게든지 인생을 엔조이 해가며 살아 보자.'는 내용이다. 얼핏 듣기에는 참으로 좋은 이야기다. 인생을 엔조이 해가며 살고 싶은 마음은 누구나 원하는 바라서 가능한 그렇게 살아야 한다. 그러나 인생을 설계하는 청년답게 '인생을 어떻게 하면'이 아니라 '어떻게든지'요, '살 것인가?'가 아니라 '살아 보자.'는 결의였다. 정말이지 신념에 찬 결의라면 오죽이나 좋겠는가. 그런데 그들은 '어떻게든지'란 모호하고 막연한 말로 내게 들렸다. 젊은이들은 인생을 어떻게 생각하고 있을까? 수단과 방법을 가리지 않고 목표달성을 위해 살자는 말인가? 이렇게 생각하다 보니 퍽이나 염려스러운 바가 없지 않기에 한마디 해줄까 했더니만 그들이 하차해야 할 평택역에 도착하고 말았다.

과연 그들은 어떤 인생관을 가지고 있을까. 나름대로 목적의식 속에서 구체적으로 인생을 정립해 나가겠지만 인생은 결코 유희(遊戲)가 아니다. 그리고 인생은 오직 1회성일 뿐이다. 지난날 내가 잘못 살아왔기에 한 번 더 살아보겠다고 비장한 결심을 세웠다 할지라도 2회성 인생은 없기 때문이다. 신은 인간에게 자유를 주었다. 그 자유를 선용하면 훌륭한 인생이 되겠지만 만일 악용하면 반드시 대가가 주어져 어느 땐가는 고통을 받을 텐데, 이를 어찌하나. 이런 생각과 함께 성경에 나오는 아담과 하와의 이야기(창 3:1~24)가 떠올랐다. 죄악 때문에 낙원인 에덴동산에서 쫓겨난 이야기다.

이제 입추와 말복도 지났으니 가을로 접어든 계절이다. 한낱 식물도 긴긴 여름, 뙤약볕에서 모든 고초를 겪은 뒤라야 탐스러운 알곡이 맺어지듯이 인생도 인내의 과정 없이는 우리가 원하는 바를 이룰 수가 없다. 이것이 절대자가 우리에게 준 자연의 원리요, 교훈이다.

우리는 매일같이 새날을 맞이한다. 새날에는 동이 트는 자연의 새날과 인간이 맞이할 새날이 있다. 자연은 모든 생물들을 살리기 위하여 저절로 태양이 밝아오지만, 만물의 영장인 인간은 땅을 정복하고 다스리며 바다의 물고기와 하늘의 새 등 만물을 지배해야 할 힘이 절대적으로 필요하기에 스스로 능력을 길러야 한다.(창 1:28) 그래야만 인간의 칠흑 같은 밤이 물러가고 찬란한 아침이 오는 것이다. 새날은 오직 산자의 것이기 때문이다. 이것이 자연의 이법이요, 인생의 원리다. 인생에서 공짜로 얻어지는 승리는 결코 없다. 땀으로 이루어진 보람은 기쁨과 쾌락으로 이어진 가장 큰 선물이다. 이것이 곧 엔조이다. 얼마나 풍부한 인생의 가치인가.

말의 위대한 힘

말은 정말 위대한 힘을 지니고 있다. 삶의 의욕을 일으키고 삶의 가치를 심어주며 삶의 역사를 이루어 낸다. 내가 내게 스스로 다짐하는 말 역시 미래를 여는 열쇠의 역할을 하고 힘과 지혜와 용기를 불어넣어 주기도 한다. 또 무심코 내뱉는 말이 상대방에게 큰 상처로 남겨주어 후회한 적도 많다. 그러니 말의 위력이야말로 참으로 대단하고 강하다.

내 고등학교 3학년 때의 일이다. 초등학교 3학년에 다니는 막냇동생이 하굣길에서 같은 초등학교에 다니는 5학년 학생에게 맞아 코피를 흘리며 집에 돌아왔다. 무슨 이유로 때리더냐고 물었더니 선배에게 인사를 않고 건방지게 지나간다 하여 마구 주먹으로 때리더라는 것이다. 화가 치밀어 오른 나는 당장 그 집을 찾아갔다. 그의 아버지가 나오시며 하시는 말씀이 "내 아들이 잘못했기에 찾아온 줄

안다. 자네는 앞으로 크게 될 사람이니 마음을 진정시키고 집에 돌아가면 반드시 자네 집에 내 아들을 보내어 동생에게 사과하도록 하겠다. 그러니 좀 기다려 달라."고 했다. 그의 아버지 말대로 그 애가 우리 집에 찾아와 동생의 마음을 풀어주고 돌아갔다.

그 애의 아버지의 한 마디는 60년이 훨씬 넘는 오늘에 이르기까지 나에게 큰 교훈을 주고 있다. 물론 그분 아들의 잘못을 간접 사과 한 점도 그러하지만 "자네는 앞으로 크게 될 사람이니 마음을 진정하라."는 한 마디는 지금도 나의 인격을 다듬는 데 얼마나 큰 도움이 되고 있는지 모른다. 그때부터 마음을 다스리는 일이 시작되었다고나 할까?

당시 그 애 집을 찾아갈 때의 나의 표정이 어떠했기에 그의 아버지는 나더러 마음을 진정하라고 했을까? '자네는 앞으로 크게 될 사람이니'라고 한 말은 무슨 의미일까. '앞으로 이 나라의 주인이 되어 큰일을 꿈꾸는 젊은이들은 마음을 잘 다스릴 줄 알아야 한다.'는 의미도 들어 있었다. 그렇게 생각하면서도 그분의 말처럼 '나는 앞으로 크게 될 사람이야'라고 스스로 다짐하며 강한 의욕을 마음 판에 세기기도 했다.

어머니의 말씀도 그러했다.

내 어렸을 때부터 아버지께서는 종종 나에게 이런 말씀을 하셨다. 너의 형이 잘 되면 너도 덩달아 잘 될 것이니 너는 부지런히 살림을 잘 배워라. 하셨다. 그때 어머니께서 나를 조용한 곳에 부르시고 하신 말씀이다. "너는 형에게 의지하지 말라. 비록 지금은 너의 형이 너를 끝까지 도와주고 싶을 것이다. 그러나 얼마 후 장성하여 너와 형이 모두 장가를 들게 된다. 그때는 너의 형이 형수의 의견을 존중하다 보면 돕지 못할 때도 많이 있을 것이다. 그리고 동서 간에도 도움을 받는 사람은 도움을 주는 사람의 말을 잘 들어야 하니 그것도 어려움이 한두 가지가 아닐 것이다. 그러니 너는 너대로 장래를 준비해야 한다. 절대 형에게 의지하지 말라. 이 길이 먼 장래까지 형제간에 우애하는 길이다. 지금 네가 하고 있는 그 고학이 너의 장래를 복되게 하는 길이다." 하시며 하나하나 예까지 들어가며 말씀해 주셨다.

"어머니, 알겠습니다. 꼭 명심하겠습니다." 그날 그렇게 약속했다.

그 뒤 몇 개월 후의 일로 기억이 된다. 내 중학교 3학년, 여름방학 때의 일이다. 농사를 짓기 위해 집에서 2킬로 정도 떨어진 밭에 퇴비를 리어카에 싣고 나르던 중이다. 혼자 힘겹게 나르는 나의 모습을 보시고 어머니께서는 리어카 뒤를 밀어주시겠다고 하시며 뒤에 따라오셨다. 밭을 가려면 한 번쯤 쉬어야만 했기에 길가에 리어카를 받쳐 두고 땀을 씻는 참이다.

그때 우리 앞을 지나가는 멋쟁이 부인이 파라솔을 받쳐들고 가다가 어머니를 보고 깜짝 놀란다. 그때는 파라솔이 아주 귀할 때라 아무나 가지고 다닐 수는 없는 때였다 그런 멋쟁이가 어머니 곁에 다가와 아니 김귀례 씨 아니시오? 하며 노동복 차림의 험상궂은 어머니의 손을 덥석 잡는다. 그리고는 한 십여 분가량 정담을 나눈 뒤 헤어졌다. 나는 어떻게 아시는 분이냐고 물어봤다. 수원 양잠학교

동창생인데 3년간이나 한 기숙사에서 지냈고 졸업 후 1년간이나 정읍군청 잠업과에서 함께 근무한 다정한 사이었다고 하셨다. 그때가 일제강점 시기가 아니에요? 그렇다. 국가에서 정책으로 잠업을 장려시키기 위해 설립한 학교란다. 그래서 수원양잠학교만 졸업하면 행정기관으로 발령을 내어 잠업을 장려했단다.

나는 어머니에게 물었다. "창피하지 않아요?" 말씀을 잠시 멈췄다가 무겁게 입을 여신 어머니는 "네가 '창피'란 단어의 의미를 아직 잘 모르는구나. 자기가 할 일을 다 하지 않고 남에게 구걸했을 때 그때 그것을 가리켜 창피라고 한단다. 가령, 내 자식이 굶고 있으니 쌀 한 되박만 주시오. 내 아들, 학비가 없으니 돈 좀 꾸어 주시오. 아쉽게 구걸할 때 그것을 가리켜 창피라고 한다. 우리같이 자기 일을 능력껏 해서 생활하는 그 자체는 결코 떳떳한 일이지 어떠한 부끄러움도 아니다. 너도 그런 마음으로 살아야 한다." 나는 어머니 말씀이 옳다고 여겨 고학하는 일도 떳떳하게 행했고 당시 사춘기의 과정도 무난히 넘겼다.

대학교 1학년 때의 일이다. 나는 대학과정도 능히 고학으로 졸업하겠다고 시퍼렇게 장담한 후 대학에 입학했다. 그런데 1년도 채 되기 전에 2학기 등록금이 벽에 부딪치고 말았다. 나는 하는 수 없이 어머니에게 편지를 썼다. 2학기 등록금 마련이 도저히 불가능하여 부득이 휴학하려 합니다. (중략) 곧 어머니 회답이 도착했다.

사랑하는 아들아! 농부들은 밭에 씨앗을 뿌려 놓고 추수할 때까지 얼마나 수고하는지 아느냐? 곡식이 여물 때까지 피와 땀과 눈물의 진액을 쏟아 받쳐야만 비로소 수확할 수 있단다. 특히 곡식이 영글어 갈 때에는 최대 영양분을 필요로 하는 법이다. 세상의 모든 일은 자연의 이법과 조금도 다를 바 없다. 안 된다. 못한다. 단언하기에 앞서 어떻게 하면 이를 극복할 수 있을까를 우선 먼저 생각하라. (중략) 절대 휴학하지 말라. 너의 결심은 장부의 결심이다. 이 어미는 기쁜 소식 오기만을 기다리고 있겠다.

십여 장이 넘는 편지였다. 눈물 자국이 툭툭 떨어진 피어린 어머니의 편지는 내 가슴에 잘 박힌 못이 되어 교무과장의 도움으로 휴학하지 아니하고 학업을 계속하여 대학을 졸업했고 대학원의 석사학위까지 무난히 받게 되었다. 어머니는 정말이지 나의 스승이다. 지금 어머니는 하늘나라에 계시지만 생전에 하신 그 말씀은 지금도 생생하여 잊을 수 없다.

나는 어머니 말씀, 스승의 말씀, 이웃의 말씀이 있었기에 16년간 고학으로 오늘에 이르렀다. 말의 힘이 얼마나 위대했으면 가난으로 점철된 40년대 후반부터 60년대 대학교를 졸업할 때까지 그 모진 어려움을 극복했을까? 그 뒤 대학원 석사학위까지 받았으니 말의 힘은 내 일생을 개척한 위대한 힘이었다.

삶과 죽음의 거리

유난히도 밤이 깊어 갈수록 온몸의 통증은 나를 심하게 괴롭히고 있다. 교통사고를 당한 지 오늘로 4주째 되는 날이다. 낮에는 교인들과 친지들이 끊임없이 찾아와 기도해주고 위로해 주는 덕택에 그럭저럭 지냈으나 아무도 찾아 줄 이 없는 고적한 밤이면 아픔의 통증과 맞싸워야 하는 시간이다.

지난 4월 24일 이른 아침 오전 7시경, 새벽 기도를 마치고 집으로 돌아오는 길이었다. 부천호수공원 중간지점 옆 8차선 대로(大路)의 횡단보도에서 신호등을 기다리고 있었다. 마침내 녹색불이 켜지기에 자전거를 타고 막 페달을 밟은 그 순간 신호등을 보지 못한 승용차가 미친 듯 달려와 그만 나를 덮치고 말았다.

횡단보도 앞 길바닥에 그만 내 몸을 내동댕이쳐 버린 승용차는 찌익 하는 급정거 소리와 함께 정지했다. 바퀴가 끌려간 자국이 1미터 앞까지 선명한 것으로 보아 나를 친 승용차가 얼마나 세게 달려왔는지를 짐작케 한다. 그 순간 내 몸은 위로 붕 떠 앞으로 툭 떨어졌다는데 승용차 앞바퀴 바로 밑에 깔리듯 누워 있었다 한다. 그때 횡단보도를 건너는 자들이나 승용차 안에 운전자와 함께 탄 세 사람 모두가 대형사고로 알고 가슴을 쓸어내렸다 한다.

곧바로 사고를 낸 승용차에 몸을 싣고 부천순천향대학병원 응급실을 찾아갔다. 곧바로 엑스레이 촬영 등 온갖 검진을 다 마쳤다. 그 결과 기적처럼 몸 전체가 시퍼렇게 멍은 들었으나 뼈에는 아무런 이상이 없다는 진단 결과다.

몸은 조금도 추스를 수 없었다. 그러나 큰 이상이 없으니 개인 병원으로 옮겨 입원을 하라고 권하기에 어찌할 수 없이 그곳에서 가장 가까운 서동상 신경외과로 이송되었다. 그곳에서 또다시 엑스레이를 촬영했는데 역시 판독결과 뇌와 뼈에는 아무런 이상이 없다는 의사의 진단이 있었다. 그런데도 심한 통증은 나를 못 견디게 괴롭혔다. 특히 왼쪽 볼기는 무엇이 얼씬만 해도 진저리가 칠 정도로 진한 아픔을 느낀다.

삶과 죽음의 거리는 이처럼 지척에 있을까.

0.1초의 지극히 짧은 찰나가 삶과 죽음의 거리란 말인가. 생각해보면 생각해 볼수록 신비스러운 운명의 시차다. 신(神)밖에 주장할 수 없는 순간의 찰나라고 달리 생각할 수 없다. 그렇지 아니한가. 0.1초만 더 빨리 내가 횡단보도를 지나가고 있었다면 나는 차바퀴에 깔리거나 차 정면에 부딪혔을 것이니 지금 어찌 되었을까? 아니면

0.1초만 더 늦게 차가 그곳을 달렸다고 해도 역시 나는 차의 한 중앙부분에 치어 나의 생명은 끝이 났을 것이다. 그런데 어찌해서 그 순간 내가 타고 간 자전거 앞바퀴가 승용차 앞 왼쪽 범퍼에 부딪히면서 내 몸이 위로 붕 뜨는 순간 승용차 오른쪽 백미러가 내 왼쪽 볼기를 세차게 쳐버렸기에 1미터 앞 길바닥으로 내동댕이쳤고 백미러 역시 박살난 채 저 멀리서 뒹굴고 있었다. 정말이지 생각해 보면 볼수록 신비스러울 일이다. 어찌 승용차 오른쪽 백미러가 살점이 많은 볼기를 세차게 쳤을까 하는 점이다.

그 큰 사고를 당했는데도 어느 곳 하나 이상이 없이 온몸에 시퍼런 멍 자국으로 통증을 느끼고 있을 뿐이다. 만일 백미러가 내 옆구리를 쳤다면 장(腸) 파열로 죽었을 것이요, 허리를 쳤다면 두 동강, 세 동강이 났을 것이며, 조금 위쪽 쳤더라면 골반뼈가 박살 날 것이 아닌가. 그리고 몸이 위로 붕 떠 1미터 앞에 내동댕이쳐졌는데도 아무런 이상이 없고 인체 중 가장 무겁다는 머리인데도 뇌가 정상이라니 너무 신기한 일이다. 이런저런 생각에 잠기는 동안 언뜻 성경 말씀이 떠오른다.

> 지존자의 은밀한 곳에 거하는 자는 전능하신 자의 그늘 아래 거하리로다.(시 91:1)

지존자의 은밀한 곳은 어딜까. 지존자의 심중(心中)이 아닐까. 그리고 전능자의 그늘은 어딜까. 전능자의 보호를 받는 자라는 것이라 여겨진다. 지존자의 심중에 있는 자는 전능자의 보호를 받는 자라는 뜻이다. 얼마나 은혜로운 말인가? 나는 아픈 몸일지라도 침대에 단정히 무릎을 꿇었다. 그리고 조용히 눈을 감았다.

이 모두 하나님의 은혜였다. 나의 믿음이 어찌 지존자의 심중에 있을까? 그리고 전능자의 보호를 받을 만큼 믿음이 될까. 천부당만부당한 일이다. 그간 나의 삶은 죄악투성이요, 모순 천지다. 그런데도 오늘 사고의 결과가 이러하니 이 모두 그분의 은혜가 아닐 수 없다. 그러기에 나는 무릎을 꿇고 통회의 시간, 감사의 시간을 아니 가질 수 없다. 조금 전만 하더라도 통증이 나를 심히도 괴롭혔건만 그것도 다 잊고 전능자를 향해 눈물을 흘리고 있었다. 감격에 찬 눈물이었다.

생사화복은 오직 절대자의 손에 달려 있다고 나는 믿는다. 그래서인지 의사의 진단 결과가 곧 그분의 뜻을 전달받은 순간이 아닐 수 없다. 앞으로 나의 삶 자체가 생존경쟁을 전제로 한 것이기에 온갖 고뇌와 괴로움이 뒤따르기 마련이다. 그러나 나는 이 땅에서 비록 '융통성이 없는 부족한 자'라고 남들이 손가락질을 한다 해도 나는 지존자의 의도를 깊이 생각하며 혼신을 쏟을 각오이다. 그 결심이 비록 작심삼일이 된다 할지라도 그때마다 다시 결심을 굳히고 다시 시작하는 일을 반복할지라도 기어이 시편 91편 1절의 말씀이 나의 삶이 되기를 기도한다. 기도는 절대자와의 약속이므로 절대 거짓은 용납될 수 없음을 나는 잘 알고 있다.

그리운 고향

고향이 그립다. 오늘은 왠지 어머니 품속처럼 포근한 고향이 그립다.

이 세상에 천하보다 귀한 한 생명을 탄생시키시고 고이 길러주신 어머니를 잊을 수 없듯이 고향 역시 잊을 수 없다. 성장하여 사회생활 하는 동안 함께 겪어 왔던 수많은 희로애락의 감정들이 구석구석 묻어 있고 녹아나 있는 고향이기에 그런가 보다.

내 고향은 본격적인 역사시대라 불리는 삼국시대에는 신태인읍이 백제의 땅으로서 인의현(仁義縣)이라 불리었다. 그리고 통일신라 경덕왕 때에는 태산군(太山郡)으로 승격되었으며 고려시대에도 군으로서 각광을 받았다. 그런데 조선조 태종이 행정구역을 대폭 변경함에 따라 태산군과 태인군(泰仁郡)을 합병시키고 또 칠보와 산외 등의 수려한 산세를 배경으로 이루어진 고을을 병합하여 행정구역의 중심지인 태인(泰仁)에 현(縣)을 설치하였다. 그리고 옛 태산군인 현재의 신태인에 두 개의 면(面)을 설치했는데 그 하나는 용북면(龍北面)이요, 또 하나는 북촌면(北村面)이다.

1910년 한일합방이 체결된 직후인 1913년에 일본 정부는 현재의 신태인읍인 당시 용북면과 북촌면을 면밀히 답사했다. 그 결과 이곳의 미질이 아주 좋은 것을 발견하고는 용북면 현재의 신태인읍에 철도를 신설해 놓고 신흥도시로 건설할 것을 계획을 세웠다. 그리고 이곳을 12개 읍면의 미곡집산지로 만들어 놓고 그 좋은 쌀을 기차로 군산까지 실어내어 또다시 배로 일본으로 가져갈 것을 계획하고 면밀히 검토한 결과 이에 적격지로 확정됐다.

이 지역의 행정 구역명을 어떻게 정할 것인가? 이곳을 조선시대에 '태인현' 안에 용북면이 소속되었기에 태인(泰仁)에 '새로울 신'(新)자를 앞에 붙여 신태인(新泰仁)이라 정하고 1914년 당시 용북면, 현재 신태인읍에 철도를 신설하고 신작로를 개설하며 동진수로를 만드는 등 야단법석을 떨었다. 그 뒤 인근지역인 운암과 칠보에 각각 수력발전소를 만들었다. 그 전력을 이용하여 당시 12개 읍면에서 생산된 정부미를 도정하기 위해 호남 굴지의 도정공장을 신태인읍에 유치시켰다. 그리고 12개 읍면에서 생산된 정부미를 도정하기 시작했던 것이다.

그런 관계로 당시 다른 곳에서는 호롱불로 밤을 밝혔으나 내 고향만은 일찍부터 집집마다 전깃불로 환하게 어둠을 밝혀 신흥도시로 신태인을 건설해 놓았다. 그리고는 당시 용북면과 북촌면을 합하여 1939년에 신태인읍(新泰仁邑)으로 승격시켰는데 용북면은 지금의 신태인읍 소재지를 중심으로 한 지역이요, 북촌면은 현 화호리를 중심한 인근 지역이었다. 읍으로 승격시켜 놓은 일본인들은 본국 사람들을 대거 입주시키기 시작했다. 그리고 일본인들만 다니는 일본인초등학교(북초등학교)를 세워 놓고 우리 읍민의 자녀들이 다니는 초등학교(남초등학교)를 구분해 세웠다. 그만큼 일본인들은 이곳에 많이 와서 살게 된 것은 미질이 좋고 풍부한 미곡 집산지였기 때문이다.

같은 해에 대전면(大田面) 역시 읍으로 승격되었다. 여기에 당시 흥미로운 일화가 있다. 미곡 집산지인 신태인읍과 교통 중심지인 대전읍 중 어느 곳이 앞으로 더 크게 발전할 것인가에 대하여 여론을 조사한 바 있었다 한다. 그 결과 51대 49로 미곡 집산지인 '신태인읍이 더 발전할 것이다.'란 결과였다 한다. 당시의 선결문제는 먹고 사는 일이라서 인지 미곡 집산지인 신태인읍이 인기가 있었다 한다.

그런지 80여 년이 지난 지금은 대전이 교통 중심지로 대한민국의 거대광역시로 발전했는데 비해 신태인읍은 일개 면 단위보다 더 초라한 곳으로 전락했다. 현재 대전은 2020년 기준 인구가 147만이 휠씬 넘고 있고 신태인읍은 인구가 5천5백 명이 조금 넘은 실정이라서 비교가 전혀 안 될 만큼 초라하다. 젊은이가 없이 노인만 사는 맥 빠진 지역으로 전락을 거듭하고 있다.

1950~60년대, 내가 중고등학교시절만 해도 신태인읍민가(新泰仁邑民歌)가 있었다. 그 가사를 보면 "이만육천 읍민아!"라 했다. 인구가 2만6천이라는 뜻이다. 인근 정읍군이나 김제군과 비슷했으며, 부안군보다는 인구도 많고 문화수준도 조금 높았다라고 함이 정확한 말

이라 하겠다. 그리고 당시 정읍군에 국회의원을 두 명을 선출했는데 '정주읍을 갑구'라 칭하고 '신태인읍을 을구'라 칭해 투표가 각기 실시됐다.

다른 지방은 깊이 잠들고 있을 때에 내 고향만은 개화의 물결이 만발했건만 오늘은 어찌 이같이 초라해졌는가를 곰곰이 살펴보지 않을 수 없었다. 그 원인을 여러 가지로 분석해 볼 수 있지만 가장 큰 원인은 정부의 정책이 너무 부족했다고 필자는 보고 있다. 그 하나의 예로 1980년대 후반부터 1990년 초에 이르기까지 정읍군이 정읍시로 승격하면서 명칭을 정주시로 하고 정읍군을 신태인읍에 유치한다는 여론이 파다했다. 그때 이곳 읍민들은 다시 생기를 되찾은 듯 활기가 넘쳐났고 꿈에 부풀었다. 그러나 결과는 정읍시청 산하 신태인읍으로 확정됨에 따라 읍민들은 실의(失意)에 잠겨 헤어나지 못한 채 오늘에 이르렀다.

정부정책이 지역균형 발전을 이룰 때 나라가 부강한다는 예는 세계사가 증명해주고 있고 신흥도시의 발전으로 인근 지역까지 균등하게 발전했다는 사실도 얼마든지 우리의 역사에서 찾아볼 수 있다. 한때 융성했던 신태인읍이 몰락함에 따라 인근 면들도 몰락되었다는 사실도 직시해 봐야 한다.

노인만 사는 신태인읍, 몰락에 몰락을 거듭하는 신태인읍을 선거때만 되면 기름을 바르고 꿀을 발라 잠시 이용하는 파렴치한 정객들의 놀이터가 아니었던가 싶다. 그 예로 인구가 줄어든 관계라서 한두 곳을 제외하고는 기존 도로만으로도 불편함이 없는데 발전이란 명분으로 도로를 여기저기 개설한 것을 보면 쉬 알 수 있지 않는가? 이제는 수도권에 과밀한 인구를 분산시켜야 할 때다. 균형 있는 대한민국의 삶의 터전으로 이룩해야 할 때다. 숨 막히는 도시에 숨통을 열어주고 과학이 뒷받침 해주는 영농으로 아름다운 인생을 즐길 때다. 공상 만화에도 현실로 실현시키는데 어찌 재건할 가능성이 전혀 없겠는가? 정책만 수립한다면 못할 일도 없다. 선거 때만 꿀만 바르지 말고 언제나 어디 가나 살기 좋은 대한민국을 건설해야겠다. 농촌이 부흥할 때 대한민국이 부흥한다는 기본원리부터 터득하는 정치인, 지역균형 발전에 고민하며 연구를 거듭하는 정치인이었으면 참 좋겠다.

*저자가 중학교(신태인고등공민학교) 2학년 당시 안종식 교장 선생님으로부터 신태인읍 발전사를 배웠다. 그러나 당시 역사적 근거를 제시해 주며 가르치셨는데 그 노트가 없어져 근거를 제시할 수 없었다. 그러기에 그간 못 써 오던 중 정읍문화원에서 발간한 최현식(崔玄植) 저 『井邑의 歷史와 文化』의 기록과 필자의 배웠던 사적(史的) 기록이 거의 일치하기에 본 기록에 이르렀음을 밝힌다.

동생의 임종을 지켜보면서

신비란 무얼까. 과학으로 풀 수 없는 영묘한 비밀이 아닐까. 막내 동생의 임종을 지켜보면서 이것을 생각해 보았다. 사람이란 영과 육이 결합되어 이루어진 존재다. 그러기에 육신에 영혼이 들어오면 탄생이라 하고, 영혼이 육신을 떠나면 죽음이라 한다는 것을 세삼 느끼게 된다.

동생이 운명하기 30분 전, 그러니까 2011년 11월 28일 새벽 6시 35분 신촌 세브란스병원 1806호 입원실에 도착하니 의식이 전혀 없는 상태에서 숨을 가쁘게 몰아쉬고 있었다. 마치 형을 기다렸다는 듯이 말이다. 혈압과 맥박과 호흡 등의 주기를 측정하는 의료기는 정상에서 약간 벗어난 리듬의 그래프가 서서히 요동치고 있었다. 임종을 알리는 신호인 듯싶어 급히 경건한 마음으로 눈을 감았다.

주님! 동생의 영혼을 받아주옵소서. 천국으로 인도하여주옵소서. 병상에서 뒤늦게나마 주님을 영접했고, 그 뒤 목사님으로부터 세례를 받았으니 동생의 영혼을 받아주실 줄로 믿습니다. 예수님의 이름으로 간절히 기도합니다. 아멘.

지극히 짧은 기도를 마치고 눈을 떠보니 숨소리가 평온한 상태로 되돌아오면서 약 3분 뒤 요동치던 그래프가 평행선을 이루며 잠자듯 운명의 시간을 맞이했다. 그때 의료진과 간호사들이 황급히 뛰어와 눈동자와 맥박 등 이곳저곳을 살펴보고는 운명했음을 확정했다.

평온하게 눈을 감은 상태가 어쩌면 그리도 모나리자의 미소처럼 환하면서도 고요한 얼굴일까. 거의 많은 사람들은 임종을 맞이하는 그 순간 몸부림치기도 하고 얼굴을 찌그리기도 한다는데 동생은 조금도 그런 모습을 보이기는커녕 지극히 평온한 모습이었으니 그의 영혼이 천국으로 인도받고 있음을 보는 듯했다. 퍽 마음이 놓였다. 임종의 모습을 통하여 많은 위안을 받았다.

동생은 초등학교 때부터 남에게 지는 것을 몹시 싫어했다. 공부도 그랬고, 친구들과 노는 일에도 그랬다. 항상 남을 리드해야만이 직성이 풀리는 성미였다. 초등학교 때를 제외하고는 중고등학생 때에 실장, 연대장이 되어 항상 학생들을 이끌어 가는 것을 즐겨했다.

고등학교를 졸업한 그다음 해 국가행정직과 재정직 5급 공무원 고시에 모두 합격한 후 곧바로 군(軍)에 입대했다. 제대한 후 서울 을지로 5가 우체국에 발령을 받아 사회 첫발을 디뎠다. 그 후 바로 서울대학교 부설 방송통신대학교에 입학했다. 그 뒤 우체국과 KT(한

국방송통신공사)가 분류할 때 KT로 자리를 이동하여 과장을 거쳐 부장과 국장으로 일하는 동안 서울대학교 CALS ELP 6기로 졸업하게 되었다. 그 뒤 강원도 본부장으로 근무하다가 정년퇴임했다.

퇴직한 지 며칠 되지 아니한 어느 날이다. 신태인중·고등학교 동문들이 동생을 찾아왔다. 그간 이루어진 분기별, 지역별 동문회를 하나로 통합하여 총동문회를 조직해야겠다는 것이다. 이 일을 맡아달라고 간청했기에 그간 산발적으로 모임을 갖은 동문회를 하나로 조직하여 제1회 총동문회장을 맡아 일하다가 '담도암'으로 1년간 투병생활을 했다. 그러나 끝내 병원균을 이기지 못하고 만 62세의 나이에 천국에 입성했다.

그간 그렇게도 거부해 온 기독교 신앙을 2010년 11월 3일에 예수를 구주로 영접하였고, 2011년 11월 10일에 부천중동교회 서문재 목사님의 집례로 세례를 받았다. 뒤늦게나마 예수를 믿고 천국에 소망을 두었다는 것은 얼마나 다행스러운 일인지 모른다. 삶의 가치와 의의가 확연히 달라졌기 때문이다. 이 자리를 통해 예수님을 구주로 영접하고 세례에 이르기까지 도움을 준 박옥자 권사 형수와 조민원 안수집사님, 전연복 권사님 내외분께 감사의 말씀을 전하면서 그분들이 천국에서 큰 상을 받으실 것이라 확신하나 우리도 끝까지 그 수고를 잊지 않기 위해 그분들의 성함을 이 책에 기록으로 남긴다.

만일 동생이 예수님을 영접치 아니하고 그대로 임종을 맞이했다면 어떠했을까? 지금처럼 지극히 평온한 가운데 미소 띤 표정으로 떠날 수 있었을까? 나는 이 세상에서 마지막 작별이라서인지 입관할 때 동생의 얼굴을 관심 있게 바라보았다. 고요한 가운데 밝은 모습이었다. 어쩌면 미소로 우리와 작별을 고하는 듯했다. 그러기에 옆에 서 있는 조카 일호에게 "지금 아빠가 웃는 모습이다. 정말로 웃는 모습이다. 자세히 보라."고 했다. 분명히 천국으로 입성했음을 나는 의심치 않는다.

예수님이 십자가에 못 박힐 당시 우편 강도가 믿음을 고백하므로 '오늘 네가 나와 함께 낙원에 있으리라'(눅 23: 43) 하셨던 말씀으로 미루어 볼 때에도 그러하고, '나중 된 자가 먼저 된다.'(마 20: 16)고 하신 예수님 말씀을 생각해 볼 때에도 그러하다.

동생은 지금 우리 곁을 떠났다. 그러나 그 영혼은 천국에 있기에, 어느 땐가는 알 수 없으나 다시 만날 것을 의심치 않는다. 입관을 마치고 관 문을 닫기 전에 가족들에게 마지막으로 얼굴을 보여주는 차례였다. 나는 동생과 약속을 했다. "영원한 천국에서 다시 만나자"고. 그리고 "제수씨의 정성 어린 그 간호를 잊지 말아 달라."고 당부하며 마음으로 손을 흔들어 주었다. 그러나 세상의 마지막 작별이라서인지 눈물이 한없이 눈앞을 가린다.

장례절차를 모두 마치고 홀로 밤을 지새우며 내 곁을 떠나간 동생을 생각하고 있는 참인데 그 순간 미국의 저명한 심리학자 레이먼 무디(Raymon A, Moody)박사가 생각난다. 그의 연구팀에서 임사(臨死) 체험한 바를 통계 작성하여 학계에 보고한 형식의 글을 읽은 기억이 떠올랐기 때문이다. 임사체험이란 영혼이 육신을 떠나 잠시 후 또는 수 시간 동안 흐르다가 다시 소생하는 경우가 있었다. 이때 죽었다가 다시 살아난 체험이라는 뜻이다. 전에는 그렇게도 천국과 지옥을 완강히 부인했던 그들이 임사체험을 한 뒤부터는 완전히 바뀌어 열심히 신앙생활을 하거나 또는 착하게 살아보려고 노력하는 그들의 모습을 글로 정리한 내용이다.

'임사체험'한 150명의 증인을 근거로 작성한 '임사체험 14단계'를 보면 다음과 같다.

(1) 자기의 죽음의 선고가 어디선가 들려온다.
(2) 돌연 어디론가 끌려들어 간다.
(3) 강한 고독감과 공포감이 엄습해 온다.
(4) 지금껏 느껴보지 못했던 편안하고 유쾌한 기분을 느낀다.
(5) 알 수 없는 목소리가 들려온다. 사람에 따라서는 아름다운 음악 소리가 들려온다.
(6) 영이 육체로부터 벗어나 외부에서 자신의 모습을 관찰한다.
(7) 시간의 감각이 없어진다.
(8) 아무리 소리를 쳐 봐도 아무도 들어주지 않는다.
(9) 시각과 청각이 굉장히 민감해진다.
(10) 빛의 존재와 만난다.
(11) 지금껏 알고 지내던 여러 사람들이 나타난다.
(12) 자신의 일생이 주마등처럼 나타난다.
(13) 앞으로 나가는 것을 주저하게 된다.
(14) 다시 살아난다.

이상은 심리학자 무디 박사 팀이 어느 특정인이 아닌 무작위(無作爲)로 조사한 공통된 통계 결과를 기록으로 남긴 것이다. 여기에 의하면 숨지기 1초 전 자신의 삶에 대한 평가가 이루어지는데 판단기준을 보면 살아생전 얼마나 돈을 벌고 출세를 했느냐가 문제가 아니라 한평생 얼마나 사랑과 온정을 함께 나누었느냐에 따라 그 평가가 결정된다고 했다.

사람이 죽을 때 반드시 심판의 과정을 밟는다는 사실에 우리는 좀 더 깊은 관심을 가지고 생각해 봐야겠다. 그러기 위해서는 사람이 한평생 무엇을 위해 어떻게 사느냐에 관심이 집중되어야 한다. 다시 말하면 삶의 목적을 어디에 두느냐에 따라 달라지는 것이다. 그 목적을 크게 두 가지로 분류할 수 있다고 본다.

그 하나는 '쟁취적이고 도전적인 삶'이라고 한다면 또 다른 하나는 '가치 추구적인 삶'이 라고 하겠다. 전자는 힘의 논리에 좌우되는 삶이기에 어떻게 하면 더 많은 물질을 소유할까? 더 높은 지위를 획득할까? 이에 관심을 집중하는 삶인데 이는 오직 현실에 국한된 삶이요, 후자의 삶은 물질과 지위보다는 정신적 가치추구에 더 많은 비중을 둔 영원한 삶이다. 이 두 예를 공자(孔子)는 논어(論語 卷八)에서 밝혔다. 이를 살펴보면.

제공(齊公)은 큰 부자요 또 권력을 쥐고 있었지만 아무도 그를 좋아하지 않소. 그러나 백이(伯夷)는 비록 굶어 죽었지만 지금까지 그를 흠모하고 있소.(齊恒公 有馬千馬匹, 死之日民無德而稱焉, 伯夷叔齊餓于首陽之下 民到于今稱之)

라고 했다.

이상의 예뿐만 아니라 무디 박사의 인사체험 14단계의 과정을 잘 살펴보면서 과연 우리는 어떻게 살아야 할 것인가를 스스로 결정을 하고 그렇게 내린 자신의 삶을 자기가 책임을 져야 한다 함이 정확한 정답이 아닐까?

5

목숨은 불꽃처럼

예수그리스도가 인류에 끼친 위대한 공적

예수그리스도가 인류에 끼친 공적은 참으로 위대하다. 특히 현대 문화와 문명에 이르기까지 끊임없이 물심양면으로 인간의 심층부까지 커다란 영향을 준 것은 기독교 정신이다. 암흑에 싸였던 시대에서 광명의 시대에 이르기까지 직접 또는 간접적으로 이에 의존해 왔다고 해도 어느 누가 부인할 사람은 한 사람도 없을 것이다. 그만큼 인류에게 끼친 공적은 위대했다.

우리가 인류 역사를 회고해 볼 때 인간은 나면서부터 약육강식(弱肉强食)의 계급사회가 자연의 근본 원리처럼 굳어져 있었다. 동물의 세계가 그러하고 인간의 역사가 그러했다. 부유한 사람이 있는가 하면 헐벗은 사람이 있었고, 귀족이 있는가 하면 천민이 있었다. 의인이 있는가 하면 죄인이 있었고, 고관이 있는가 하면 말단직 관리가 있었다. 인종 또한 그러했다. 백인과 황인과 흑인이 있어 차별을 받아온 것이 사실이었으며 남녀의 차별까지 있었던 지난날을 누가 부인하겠는가. 이 같은 사실이 사상(思想)으로 굳어져 버린 것이었기에 누구나 당연한 것으로 여겨왔고 이것이 숙명인 양 살아왔다. 눈물과 한숨과 슬픔이 있을지라도 이것이 태어난 나의 운명이려니 이렇게 체념하며 살아온 것이 과거의 역사요, 우리의 삶이었다. 얼마나 처절한 생활이었던가?

그러던 것이 '예수 탄생'으로 인하여 우리의 인생이 바뀌진 것이다. '이 땅에 태어난 남녀노소는 누구를 막론하고 다 하나님의 자녀이기 때문에 인간은 모두 평등하다'고 예수는 갈파했다. 이같이 기독교의 사상이 인류에게 준 선물이다.

이 사상을 근거로 유엔 헌장이 이루어졌다. 그 내용을 보면 "신의 같은 자녀이기 때문에 동등해야 하고, 서로 동기를 사랑하듯이 사랑해야 하고, 서로 돕고 서로 위로하여 인간 가족을 이루어야 한다."는 원칙이 적용된 것이다.

만일 예수 탄생이 없었더라면 기독교의 사상이 있을 수 없으며, 약육강식이 마치 자연의 원리나 진리인 것처럼 되어 인류는 두려움과 불안에서 한시도 마음 놓을 수 없는 상황이요, 공포에서 한시도 벗어날 수 없는 세상일 것이니 이러한 상황을 상상만 해도 너무도 끔찍한 일이 아닐 수 없을 것이다.

좀 더 구체적으로 말하면 필연적으로 강자의 힘은 곧 진리가 되고 법이 되었을 것이며, 약자는 사랑하는 처자를 강자의 노예나 소유로 빼앗기는 일이 자연스럽게 되었을 것이다. 또한 인간의 인격이

나 인간의 존엄성은 있을 수도 없으며, 강자가 시키는 대로 짐승처럼 해내냐 하는 인간 세상이 아니었을까? 그런 관계로 예수 탄생을 기원으로 하여 기원전과 기원후로 나뉘었고 서기 원년이 탄생한 것이다.

그러기에 믿지 않는 자들까지도 크리스마스가 되면 예수 탄생을 가리켜 '구세주 탄생'이라고 자연스럽게 말하고 있다. 이 말의 의미를 깊이 따져보면 '죄로 멸망당할 수밖에 없는 인류를 구원해 주었다.'는 의미이다. 그러기에 크리스마스를 인류의 경축일로 삼은 지도 모른다.

성경에 의하면 소돔과 고모라 성이 의인 열 사람이 없어 멸망당했다고 기록이 되어 있다. 이는 당시 하나님을 믿는 사람들이 모두 사이비 신자였음을 말해주고 있는 것이다. 과연 이 시대, 우리가 흔히 말하는 종말의 시대에 사는 자들로서 예수그리스도의 사랑의 십자가, 피의 공로가 없었다면 실로 인류 종말의 위기를 어떻게 극복할 수 있었으며 기독교 역시 오늘처럼 존재할 수 있었을까?

그러나 세상은 악한 자들에 의해서 더 악랄해지고 있다. 현실이 어쩌면 논밭에서 자라나는 가라지 모습과 너무도 흡사하다. 얼른 보면 알곡인지 가라지인지 구분하기 어렵다. 가라지인 피가 더 건강하고 왕성하게 자라는 모습으로 보인다. 생태적으로 벼보다 힘이 센 '피'는 주위에 있는 '벼'의 양분 즉 거름기마저 몽땅 빨아먹는 관계로 의기양양하듯 무성한 반면 벼는 시달림을 받는다. 그러나 가라지와 알곡을 잘 모르는 자들은 가라지를 뽑으려다가 흔히 알곡을 뽑는다. 그러기에 성경은 '가라지를 뽑으려다 곡식까지 뽑을까 염려되니 그대로 놓아두어라. 추수 때에 가라지는 먼저 거두어 불사르고 곡식은 모아 내 곳간에 넣으리라.(마 13:29~30)' 했다.

믿는 자들은 이 성경 말씀을 깊이 되새기며 예수의 향기가 우리의 생활 속에서 그윽하여 밝고 아름다운 사회로 이룩되기를 기대하며 기도하고 있다.

마음의 향기

추억이 없는 인생이 어디 있을까. 추억을 회상해 보지 아니한 자가 또 몇이나 될까. 그렇다면 추억은 아름다울까, 아니면 괴로울까. 이런 생각에 잠기다 보니 "지난날 불행했던 추억마저 감미롭다."고 말한 키케로의 말이 떠오른다. 어쩌면 이 말이 옳은지도 모른다.

지금은 적막에 휩싸인 채 고요히 깊어만 가는 이 밤인데도 이런 저런 생각에 잠이 오지 않는다. 그래서인지 오늘 역시 나만의 창을 통해 어리어 오는 내 젊은 날의 모습, 그 영상에 그만 추억의 포로가 되어 버린다.

의지할 곳을 잃어버린 채 광막한 허허벌판에서 쓸쓸히 홀로 서 있는 그 영상, 분명 그는 나의 젊은 날의 모습이다. 총각시절의 모습이다. 서운함을 가눌 길 없어 남몰래 눈물을 머금기까지 한 애련한 그 모습, 괴로운 사연을 되씹으며 무언가 그리움에 젖어 입술을 지그시 깨무는 나의 모습이다. 어쩌면 그 모습이야말로 더할 수 없는 위대한 예술품이라고 나는 명명하고 싶지만, 나만이 볼 수 있는 창이기에 못내 아쉬울 뿐이다.

아주 멀리 모조리 실어 가 버린 사연들, 이젠 생각 밖으로 내쫓아 버린 사연들이기에 영영 사라져 버린 정(情)인 줄 알았는데 가슴속 깊숙이 어느 한 곳에 뿌리를 박고 있었던 모양이다. 그 정이 어느 틈인지 뾰족이 돋아 오르기 시작하더니만 도란도란 피어올라 마침내는 마음의 향기가 되어 전신에 그윽이 퍼져 잠이 오지 않는 밤으로 이어지고 있지 않는가.

기다림, 생각만 해도 몸 저리는 고독과 아픔, 고통과 슬픔이 뒤따르는 모진 기다림의 연속이 되어 버렸지만 끝내 이룰 수 없는 사랑으로 서로의 길을 택해야만 했다. 동서고금을 통하여 이별 없는 인간의 역사가 어디 있겠는가마는 이별만은 슬프고 괴로운 것이어서 가슴이 쓰리고 저려옴은 형용할 수 없었다. 그러나 내일의 보람을 위해서는 '오늘의 괴로움을 기어이 삭여보자.' 이렇게 다짐하면서 욕망의 꽃을 피우기 시작했던 지난날이 아니었던가. 나의 욕망은 정열을 불러일으켰고 생명을 약동케 하는 꿈이 청순한 활력소가 되었다. 뿐만 아니라 지난날을 치유하는 특효약이 되었다.

정말이지 우리가 무엇을 갖고 싶을 때, 그리고 무엇인가 이루려고 몸부림칠 때처럼 그 과정이야말로 참으로 아름답고 보람된 일은 없다. 이러한 순수한 인간의 이상과 욕망, 이것이 곧 인생의 무한한 꿈이 아니겠는가. 사람이 살아가는 것도 중요하지만 꿈을 가꾸며 살아가는 것이 더 소중한 것이다. 우리가 이루려는 꿈이 설사 헛되이 사라졌다손 치더라도 꿈을 가꾸어 가려는 의지와 용기로 이루어진 그의 성실한 자세는 얼마나 값지고 소중하며 보배로운 것인가. 후손 대대로 물려줄 정신적 유산이 아닌가?

나는 종종 하늘을 바라보면서 이런 생각에 잠기곤 한다. 지난날 그렇게도 모진 고난의 눈물을 뿌려가며 이루려 했던 나의 꿈들이 이 땅에서는 다 이루지 못했다. 그럴지라도 그 맑고 고운 꿈들이 지금도 하늘 어디선가 남아 나를 부르고 있을 것만 같았다. 이러한 생각이 가슴 가득히 밀려올 때면 마음속 깊이 흐르는 눈부신 강물이 핏줄이 되어 나의 전신을 적시고 영혼까지 흠뻑 적신다. 이 어찌 감미로운 추억이 아니며, 행복을 선사하는 회상이 아니겠는가? 참으로 넘쳐흐르는 기쁨이요, 보람된 과거였다. 비록 마음속에 이루려는 그것들이 일부 이루어지지 아니했을지라도 얼마나 값진 시간이며 보람된 삶이었던가? 이 기쁨을 어느 누가 다 헤아리겠으며, 나만이 가지고 있는 이 기쁨인 것을 누가 또 빼앗아 가겠는가.

지난해 5월 어느 날이었다. 코로나19 때문에 밖에 나가지 못하고 그날도 앞 베란다에 놓은 의자에 앉아 책을 읽다가 그만 덮어 두고 맑은 하늘 아래 펼쳐진 신록들을 하염없이 바라보았다. 그야말로 인생을 약동케 하는 활력소와도 같은 자연의 신선함이다. 이러한 정경이 나의 마음을 얼마나 싱그럽게 해주었는지 그만 젊은 날 5월의 푸른 잔디밭으로 인도하지 아니한가. 푸른 풀밭에 좁은 언덕길이 있고 저 멀리 길 옆에 자리 잡은 두어 채 그림 같은 작은 집이 있었다. 이 집들은 마치 전설 속에 아롱진 낭만의 추억들이 나직하게 속삭이고 있는 듯 그러한 집들이다.

그 순간 집 옆을 지나는 한 여인이 있었다. 그 여인은 자그마한 키에 단아한 몸매였고 정교한 걸음걸이였다. 이를 보는 순간 불현듯 나의 머리를 스치고 지나가는 다정한 얼굴이 떠올랐다. 내 지난날 사랑했던 그녀의 모습이 아닌가? 깜짝 놀라 정신을 차려보니 눈앞에 아롱거린 영상뿐이었다.

사람의 정이란 이런 것인가? 그동안 까마득하게 잊었던 지난날의 사연들이 어떤 계기에 부딪치면 불현듯 떠오르나 보다. 수십 년 전 내 곁을 떠나간 그녀가 어쩌면 그리도 떠오른단 말인가? 다정한 얼굴이 되어 내 마음을 온통 사로잡는단 말인가.

캄캄한 밤하늘에 갑자기 별빛처럼 떠오르는 그 얼굴이다. 왜 이렇게 나타날까. 내 젊은 시절 하마터면 그녀 때문에 영 솟아날 수 없는 절망의 구렁텅이에서 헤맬 뻔하지 않았던가. 당시 가난한 삶이 나만의 탓이었던가? 그녀에게 과거를 굳이 따져 무엇 하겠는가. 인간이기에 공리적일 수도 있고 세속적일 수도 있지 않겠는가. 그 허물을 덮어주고 싸매어 줄지언정 따져 무엇 하겠는가. 나는 지금 나만의 창을 통하여 어리어 오는 이러한 영상을 지켜보면서 나의 이 밤을 조용히 그리고 고요히 잠재워 본다.

새해를 맞는 우리의 마음가짐

새해는 밝아 왔다. 으레 이때가 되면 우리는 송구영신(送舊迎新)이란 말을 담아 새해 인사를 전한다. 묵은해를 보내고 새해를 맞이한다는 뜻이다. 묵은 것의 반대말은 새것이다. 지난해를 묵은해라고 단언했을 때야만 새해가 존재하는 것이다. 그렇지 아니하고 아무런 생각 없이 제야의 밤을 넘겼으니까, 아니면 1월 1일을 맞이했으니까 새해를 맞이했다고 생각한다면 이는 큰 착오다.

영어로 말하면 난센스(nonsense)다. 바보스러운 말이요, 무의미한 소리란 뜻이다. 생각해 보라 그렇지 아니한가? 우리가 매일같이 맞이하는 동트는 새날과 새해 새날은 어떻게 다른가? 조금도 다를 바가 없다. 이것은 변함없이 흘러가는 자연의 법칙이다. 우리는 365일을 1년이라고 정하고 하루를 24시간이라 칭한다. 이는 지구의 공전과 자전의 원리에 의하여 이루어진 것이지만 인간은 하루의 시간과 일

년을 살아가는데 지혜롭고 가치 있는 생활을 해 나가기 위해서 의미부여를 시켜 놓았을 뿐이다.

우리 선인들도 그러했다. 민속에 따르면 십이지(十二支)가 상징하는 바가 제각기 다르다. 지난해를 '쥐띠' 경자년(庚子年)이라 했고 금년은 '소띠' 신축년(辛丑年)이라 했다. 쥐는 부지런 하고 삶을 위해 매우 용맹함을 상징한다. 그 속담으로 '궁한(막다른 곳에 이른)쥐는 고양이를 문다.'는 「좌씨전(左氏傳)」의 기록도 있다. 그리고 소는 밀고 나가는 힘과, 성실함과 끈질김을 상징한다. 이처럼 십이지가 상징하는 바에 따라 중점적으로 그 한 해를 그렇게 살아 달라는 선인들의 간곡한 의미가 담겨 있다.

새해 새날의 의미를 새롭게 인식해야 한다. 지난해 잘못 살았던 묵은 생각을 모두 청산하고, 용서하고 새로운 정신으로 새롭게 출발할 때 새해를 맞이하는 마음가짐인 것이다. 그런데 우리는 새해를 어떻게 맞이하고 있는지, 제각기 자기 스스로 자신에게 물어봐야 한다. 지난날 나에게 고통을 주었으니까, 평생 씻을 수 없는 아픔을 안겨주었으니까 기회가 오면 앙갚음을 하고야 말리라. 이렇게 마음을 풀지 않은 채 새해를 맞이했다면 그는 새해를 맞이할 자격이 없다. 이런 자를 일컬어 옛사람들은 인면수심(人面獸心)이라 했다. 얼굴은 사람의 형상을 하고 있으나 마음은 짐승과 같다는 말이다.

꿈이 없는 자들은 그럴 수밖에 없다. 꿈이 없으니 이상(理想)이 있을 리 없다. 그런 자들의 눈앞에 보이는 것은 이기적인 욕망이요, 편리함에 사로잡힐 뿐이다. 무엇을 위하여 인내할 것이며 무엇을 위하여 고난을 극복할 것인가.

그러나 꿈이 있는 자는 다르다. 그 꿈을 이루어지기까지 밝은 내일을 위해 참기 어려운 그 고난도, 숨 막히는 처절함도 모두 인내하며 극복해 나가는 것이다. 만일 꿈이 이루어지지 못한다 할지라도 그간의 삶은 가치가 있는 것이며 그의 인품은 훗날 빛날 것이 아닌가? 그뿐이 아니다. 후손들에게는 본이 될 삶이요, 특히 절대자에게 인정받을 만한 삶이다.

유독 지난해는 코로나19로 인해 전 세계가 당황하리만큼 어려움을 겪어 가는 동안 사회의식을 변화시켰다. '뭉치면 살고 헤치면 죽는다.'라는 의식을 반대로 바꿔 놓은 것이다. 물론 정신적이 아니라 육체적 의식이다. 서로 거리두기는 영국에서 확산 기세를 보이는 변종바이러스도 물리칠 수 있다고 본다.

지난해 십이지의 상징처럼 쥐가 궁하니까 고양이를 물 듯, 이에 대응하는 백신이 나왔다. 금년에는 소처럼 모든 어려움을 극복할 수 있는 우직한 힘과 끈질긴 집념으로 성실히 밀고 나갈 때 눈부신 성과가 이루어져 앞날이 밝아올 것이다. 세상이 아름다운 것은 사랑이 있기 때문이며 삶이 즐거운 것도 희망이 있기 때문이다. 사랑은 남을 배려하는 마음이기에 코로나 전파를 차단시킬 수 있고 사랑은 협력하는 정신이기에 코로나 극복을 위해 하나같이 규정을 잘 준수하여 이 땅에 평화가 찾아오도록 하자, 이러한 사랑의 정신이 새해를 맞이하는 자세가 아닌가?

깜깜한 밤, 별빛이 없어도

요즘엔 몸이 점점 더 피로감을 느낀다. 그래서인지 나는 시도 때도 없이 앉으면 잠이 온다. 특히 정신을 차리고 있어야 할 곳에서도 주책없이 잠이 오니 이건 필시 건강에 무슨 문제가 있지나 않나 싶어 요전에는 동네에 있는 내과 의원을 찾아갔다. 비록 집 근처에 있는 의원일지라도 내과 전문의사일 뿐 아니라 그 계통에 박사학위까지 취득한 분이다. 그런데다 주치의나 다름없이 몸이 아프면 찾아가는 곳이라서 내 건강상태를 잘 알고 있기에 더욱 신뢰할 만하다.

피를 뽑고 소변을 받아 검사하도록 해놓고는 오라는 날짜에 결과를 보려고 갔다. 혈압과 혈당 수치 등 관계될 만한 장기들을 모두 검사해 봤으나 별 이상이 없다면서 노쇠현상이니 마음 편하게 생각하며 몸이 요구하는 대로 편히 쉬어 주라는 내용의 진단 결과다.

퍽 다행이다. 그러나 노쇠 현상이란 무엇을 의미할까? 죽음이 내 삶을 하루하루 침식해 가고 있다는 숨길 수 없는 현상이 아닐까? 절대자로부터 허락 받은 시간이 다 되어 간다는 의미다. 그렇다면 남은 시간을 어떻게 살아야 할 것인가.

죽음은 과연 무엇을 의미하는 것일까. 무신론자들의 이론에 의하면 삶의 종말이라고 말하지만, 유신론자들에 의하면 삶의 결산이라고 말한다. 종말과 결산은 크게 다르다. 종말은 맨 끝이란 뜻이요, 결산이란 계산을 마감하여 다음 단계로 넘어간다는 의미다. 이러한 관점에서 볼 때 이 문제는 삶의 목표를 어디에 두고 그간 살아왔느냐에 따라 인생이 판이하게 다르다. 이에 톨스토이는 '인생에서 가장 중요한 것은 사망의 문제를 해결하는데 있다'고 했다.

과연 그렇다. 사람이 태어나서 삶을 영위하는 동안에는 자신의 의지에 따라 인생을 어느 정도 조절할 수 있지만 죽음에는 자신의 의지나 노력이 전혀 관계가 없다. 죽음 저편의 세계는 우리의 한계를 넘어선 세계이기에 그러하다. 그러므로 종말이라면 별문제가 없겠지만 결산이라고 본다면 죽음을 준비하는 일이야말로 참으로 중요한 일이다.

어찌 보면 사람이 이 세상에 태어남도 그러하지만 죽는 그 자체는 지극히 평범한 일이요, 평등한 일이다. 부지불식간(不知不識間)에 한 생명이 태어나고 죽는 것은 자연의 순리다. 특히 죽음은 더욱 그러하다. 죽음 뒤의 무덤 안은 모두 시체일 뿐 귀천이 조금도 가릴 수 없다. 생명이 존재할 때 귀천의 문제가 따르는 것이지 죽은 뒤에는 다 평등한 것이다.

이렇게 볼 때 '죽음은 공허와 허무일 뿐이어서 한없이 쓸쓸함이 메아리칠 뿐이다. 이것이 인생이다.'라고 보는 자도 있다. 그러나 다른 한편에서는 '죽음이 삶의 끝임에는 틀림이 없으나 그것은 인생의 결산인 동시에 그 결산을 통하여 또 다른 새로운 영적 삶의 출발인 것이다.'라고 보는 자도 있다. 이러한 두 관점이 아주 오랜 옛날부터 죽음에 관한 이론으로 주도해 왔다. 우리들은 그 어느 한 편에 속하고 있는 것이다. 이 두 가지 문제는 가장 크고 절박한 문제이지만 과학이나 어떠한 논리로도 증명할 수 없다.

죽음 저편의 세계는 우리의 한계를 넘어선 피안의 세계이기에 그러하다. 그렇다면 차안의 세계는 어떠한가. 역시 일분일초의 앞을 내다볼 수 없다. 그러기에 종교에 의지할 수밖에 없지 않은가. 종교는 지난날 삶의 결산을 통해 영의 세계가 결정되기 때문이다. 과학자들도 철학자들도 내세를 부정할 수 없기에 스스로 종교를 선택하는 것이다.

이런저런 생각을 하고 있는 참인데 아들과 딸, 손자와 손녀까지 한 부대가 현관문을 열고 아버지, 할아버지 하며 찾아온다. 마치 오늘이 내 생일인 것처럼 말이다. "어머니로부터 들었는데 아버지께서 병원에 다녀오셨다고요? 건강에 이상이 없으시다니 참 다행이어요." 하며 아버지께 옷을 사드리려고 저희들이 왔으니 밖에 나가자는 것이다.

'그 옷이 떨어지기 전에 내가 죽을지 모르는데 무슨 옷이야?'라고 말하고 싶었지만 차마 그런 말은 못하고 "내가 입을 만한 옷이 넉넉한데 어찌 사려느냐? 너희들의 마음만 받겠다." 했더니 막무가내로 밖에 나가자고 하기에 끌려가다시피 옷가게에 가서 마음에 드는 털 달린 따뜻하고 포근한 잠바와 고급 바지 두 벌을 사 가지고 왔다. 집에 오니 또다시 고액권 지폐가 들어 있는 두툼한 봉투를 내게 주기에 거절했더니 맛있는 음식을 사 드시라고 하며 내 손에 꼭 쥐여준다. 너무 소중한 자식들의 사랑이다. 그 뜨거운 정을 내 어디서 받겠는가. 순간 성경 말씀이 떠오른다.

> 사랑하는 자여, 내 영혼이 잘 됨같이 네가 범사에 잘 되고 강건하기를 내가 간구하노라.(요삼 1:2)

이 말씀으로 자식들에게 축복을 해주고 떠나보낸 지금은 무한한 밤이다. 지난날 같았으면 집으로 들어오기 전에 초롱초롱한 밤하늘의 별들과 함께 오늘의 기쁨을 털어놓고 도란도란 이야기를 나누었을 것이다. 그런데 오늘은 하루 종일 미세먼지로 북새를 이루었기에 별 하나 보이지 않는다. 그러나 반짝이는 별이 없어도, 달이 없는 깜깜한 밤일지라도 난 좋다. 마음의 빛이 영롱하기에 밤은 진정 고요하면서도 찬란하기만 하다.

수원 누님의 구순 생신을 축하드리며

누님의 구순 생신(九旬生新)을 충심으로 축하드립니다. 요즘 백세시대라는 말을 실감하리만큼 건강하신 그 모습을 뵈며 생신을 축하하는 글을 쓰게 되니 참으로 기쁩니다.

한 그루의 나무가 어떤 환경에서 어떤 영향을 받으며 자라왔느냐에 따라 그 나무의 질이 다르듯이 사람도 마찬가지입니다. 물론 교육을 통하여 인격이 변화한다고들 하지만, 근본적으로 볼 때 어느 부모를 만나 어떤 환경에서 어떤 과정으로 성장해 왔느냐에 따라 인격이 형성된다고 합니다. 그리고 그간 어떻게 살아왔느냐에 따라 사람 됨됨이 이루어지며 그 삶의 질이 달라진다고 합니다. 이러한 삶을 가지고 인간들은 그분의 생애를 평가하는 잣대로 삼습니다.

누님은 태어나실 때부터 하나님의 은혜가 충만하였습니다. 아버지가 자수성가(自手成家)로 천석을 받을 만큼 부잣집 넷째 딸로 태어나셨습니다. 1940년대 그러니까 해방 직후 군산고녀(群山高女)를 졸업하셨으니 남들의 부러움의 대상이 아닐 수 없었습니다. 그러다가 믿음의 가정으로 출가한 누님은 매부의 도타운 사랑도, 시부모님의 아낌없는 사랑도 듬뿍 받으며 생활하다 보니 늘 감사한 마음이 있었다고 말씀하셨습니다.

지금으로부터 40여 년 전 그러니까 누님이 혜화동 댁에서 사실 그때 저에게 들려준 말씀이었습니다. "나는 시집온 이후 지금까지 편안하게 생활하고 있다. 내가 잘해서가 아니라 너희 매부가 정말이지 진실되고, 시부모님께서도 아주 훌륭하셨다. 그러니 편안한 삶이었단다."라고 말씀하시면서 신혼 초에 시어머님으로부터 들은 이야기를 내게 들려주셨습니다. 저는 지금도 그때의 말씀을 생생히 기억하고 있습니다.

누님은 신혼 초에 수원 시집에서 당시 시부모님 모시고 생활할 때였답니다. 그때만 해도 큰아들이 부모님 모시는 일은 당연지사로 여겨 꿈에도 분가할 생각을 못했는데도 시집온 지 6개월 되던 어느 날 시어머님께서 하신 말씀이 "얘야, 아범이 매일같이 수원에서 서울로 출퇴근하느라 고생하니 네가 직장 근처로 분가해서 살아라." "아닙니다. 저희들이 부모님 모시고 살기로 서로 약속했는데 그럴 수는 없습니다. 제가 잘못했으면 용서하시고 앞으로 더 잘 모시겠습니다." "아니다. 나 혼자 내린 결정이 아니라 너의 시아버님과 의논해서 내린 결정이다. 네가 젊었을 때 자유롭게 생활했으면 좋겠고, 아범 역시 장거리 출퇴근하는 것도 무리인 듯해서 내린 결정이니 그리 알고 준비하여라."

그뿐이 아니었다. 그 시절만 해도 남자 선호사상이 지배적일 때라 지수, 명수, 영수 셋이나 계속 딸을 낳아 면목이 없어 근심하고 있을 때였다. 이 마음을 아신 시부모님께서 "괜찮다. 자식을 마음대로 낳는 것이냐? 딸이면 어떻고 아들이면 어떠냐? 이 모두 하나님의 뜻이니 그리 알고 주신 아기를 잘 길러야 한다." 하시며 도리어 위로해 주셨다고 제게 말씀하신 누님은 잠시 후 또다시 말씀을 이으셨다.

"그 뒤 근수가 태어났다. 그때의 가정은 축제 분위기였다. 시부모님께서 그렇게 기뻐하시던 모습을 처음 보는 듯했다. 그러니 지난날 내게 하신 말씀은 순전히 나를 위로함이셨구나, 생각하니 고맙기도 하고 그간 심려 끼쳐 드린 것이 퍽 죄송했단다. 그런데 또다시 딸 현수가 태어났다. 그런데도 시부모님께서 '이 애는 더 귀염성이 있구나.' 하시며 예뻐하시던 그분들의 너그러운 마음씨를 어찌 잊겠느냐?" 이렇게 말씀하시며 환하게 웃는 모습을 보니 누님이 과연 행복하시구나. 이렇게 느껴져 흐뭇했습니다.

매부님도 아주 훌륭하신 분이십니다. 일찍이 경기상고와 고려대학교 경영대학원을 졸업하셨고 첫 직장으로 중앙산업에 근무하시면서 누님과 결혼하셨습니다. 그 뒤 흥국생명보험회사와 새마을금고 이사장, 모 은행장으로 근무하시다가 47년간의 공직생활을 모두 마치고 정년퇴임하셨습니다. 매부님의 청빈함은 남달랐다 합니다. 은행장으로 자리를 옮기려 하실 때 당시 재무부에서 그간 행적을 세세히 살펴보셨다고 하는데 그분들이 "과연 이렇게 청빈한 분도 있었네?" 감탄할 정도였다는 일화가 있습니다.

또 가정생활에도 따듯하셨습니다. 가족 모두에게 정으로 대해주셨습니다. 물론 그분은 성격이 과묵하신 분이라서 세세한 말씀은 없으셨으나 마음만은 깊으신 분이었습니다. 나는 당시 시골에 있었기 때문에 매부님과 접촉할 기회가 없었지만 특히 내 바로 위형인 재춘형에게 베푼 정은 정말 잊을 수 없습니다. 형이 서울에서 대학을 다닐 때 따뜻한 한마디는 의욕을 북돋아 주셨고, 계절이 바뀔 때마다 옷을 사 주시기도 하고 형이 마음에 든다고 하면 즐겨 입으신 옷일지라도 선선히 내주시는 도타운 정을 어찌 일일이 말하겠습니까. 매부님 마음 중심에는 예수 그리스도 신앙의 인격이 있었기에 그같이 청빈했고 사랑을 베풀 수 있었다고 봅니다.

누님도 매부님처럼 너그러우신 분이십니다. 그러기에 마음의 아름다움이 얼굴로 남아 이처럼 고우신데 이런 분이 어찌 90세란 말인가? 믿어지지 않을 정도로 단아한 자태이십니다. 정말이지 인자함까지 겸한 모습을 보니 지난날 누님의 삶이 떠오릅니다.

큰아들 근수(64)의 사회로 기념행사가 시작되니 하객들의 박수갈채가 쏟아졌습니다. 첫 순서로 권사인 큰딸 지수(70)의 기도는, 거기에 모인 많은 분들에게 깊은 감동을 주었습니다. '그간 우리 6남매를 훌륭히 길러주신 어머니의 크신 은혜를 어떻게 잊겠느냐며 남은여생을 편히 사실 수 있도록 우리들이 최선을 다해 드리겠다는 약속과 앞으로도 하나님의 크신 은혜로 사실 수 있도록 복을 많이 내려 달라는 간절한 기도 내용이었습니다.

그 행사에 참석한 자녀와 손자, 증손들이 대부분 국내에 거주하지만 미국에서 목사로 시무하는 둘째 아들이자 막내인 종수(60)와 그 가족들, 이렇게 모인 누님의 자손들이 모두 22명이니 진정 다복한 분이십니다. 그뿐이 아닙니다. 6남매가 서로 아껴주는 우애의 정신은 현실에서 보기 드물 정도로 한 폭의 꽃이요, 예수그리스도의 향기였습니다. 그 한 예로 현재 누님이 살고 계신 집, 강남 논현동 빌라가 큰아들 근수의 명으로 등기가 되어 있는 데도 막내아들 종수에게 주겠다고 부모님에게 약속한 일은 꿈만 같은 고운 심성이 아닐 수 없습니다. 이렇듯 한 자녀도 빠짐없이 고마운 심성이니 하나님의 복을 받지 않고서 어찌 이런 자녀들을 낳을 수 있겠습니까?

언제나 환한 미소로 저희들을 대해 주신 누님! 오래 오래도록 강안(康安) 하소서. 하나님께서도 누님의 고운 심성을 그동안 잘 보아오셨기에 앞으로도 충만하게 복을 내려주시고 자손들이 하는 일마다, 형통의 복을 내려 주실 줄로 확실히 믿습니다. 아멘!

21대 국회에 거는 국민의 기대

2020년 4월 15일 21대 총선은 끝났다.

이번 선거에서 보았듯이 정치인들은 국민을 두렵게 생각하고 존중히 여겨야 한다. 그런데도 옛날 선거 방식 그대로 적용시켜 국민을 얕잡아 봤기에 막말을 거침없이 쏟아내고 거짓 논리로 꼼수정치가 난무했다.

그 하나로 우리나라가 '코로나19 대응'에서 세계의 최상의 모범국가로 높이 평가를 받고 있는데도 인정해 주기는커녕 '자화자찬'이라고 폄하하는 것이라든가 통합당이 제일 당이 된다면 현 정권을 탄핵하겠다고 했다. 그뿐이 아니다. 노인·장애인 비하 발언, 세월호 유가족 문란행위 등 잇달아 막말을 쏟아냈다. 그러는가 하면 '앞으로 5~6월에는 경제 지옥이 열리는 순간을 똑똑히 볼 것이다.'라고 하여 국민을 불안으로 몰아넣다.

그러면서도 정책대안이나 해결책을 제시해 주지 못하고 막연히 정권 심판론을 부르짖는 통합당보다는 현 정권에게 힘을 실어주는 편이 도리어 안정된 내일을 여는 길이라고 국민들은 봤다. 그러기에 제21대 총선 결과 국회의원 전체의석 300석 중 더불어민주당 163석과 비례정당인 더불어시민당 17석 도합 180석을 차지했다. 이번 선거는 민주주의 선거 중 역사 이래 초유의 한국 정치사를 새롭게 쓰게 되었다. 개헌만 빼고 무엇이든지 능히 해낼 수 있는 무소불위(無所不爲)의 권력을 국민들에게서 위임받은 적은 일찍이 없었다.

물론 민주주의 선거에 있어서는 대립과 경쟁으로 인한 갈등은 필연적이다. 사상이 다른 사람들이 모여 한 정당을 이루고 정책을 수립하기 때문이다. 대립과 경쟁으로 인한 갈등은 국가와 국민을 위한 것이기 때문에 정치가 발전하고, 국가가 융성하며, 국민을 안정되게 하는 것이다. 그러므로 반대당의 정책을 비판하고 비난할 수 있다. 거기엔 반드시 대안을 제시한 정책이 있어야 하며 국민들로 하여금 인정을 받아야 한다. 그리고 상대 당의 비난과 비평을 받아들여 왜 그런 말을 했을까를 분석 연구해야 한다. 그래야만 그 정책의 차이점을 인정하여 타협하는 정치를 이룩할 수 있다. 이것이 민주주의 의회정치의 원리다.

그러나 이번 대선처럼 정권욕에 사로잡히거나 당리당략에 치우칠 때 의회정치의 원리는 산산조각이 된다. 마치 날카롭고 예리한 칼날을 가슴에 품고 뒹구는 것이나 다름없다. 이럴 때 비운을 맞이하는 것이다.

4·15 총선결과를 본, 문 대통령은 '무서운 책임감을 느낀다.'고 했고 더불어민주당 이해찬 대표는 승리의 기쁨에 앞서 정신을 바짝 차릴 때다, 국정의 무거운 책임감을 가져야 한다, 일하는 국회, 국회다운 국회, 국민을 통합하는 국회를 만들 책임은 온전히 '민주당'에 있다고 했고, 이낙연 선대위원장은 "국민이 주신 책임을 이행하려면 국민의 뜻을 모으고, 야당의 협조를 얻어야 한다, 이런 일의 시작은 '겸손'에 있다, 강물이 바다로 모이는 것은 바다가 낮게 있기 때문이다."라고 했다. 모든 국민을 품으려면 바다처럼 낮은 자리에서 겸손히 정책을 펼 때 국정을 이끌어 가는 대업을 이룩할 수 있다는 의미다.

정말로 옳은 말이다. 또 지난 4월 18일 자 모 신문 보도에 의하면 여당은 야당과 '협치내각'을 구상하고 있다고 했다. 그러면서 지난 2004년 총선에서 당시 열린우리당이 152석으로 승리했으나 미숙한 국정운영 끝에 실패로 돌아간 것을 거울삼겠다는 보도 내용이다. 그 같은 구상이나 교훈을 삼겠다는 말들은 그간 무수히 들어왔다. 시련의 역사는 굽이굽이마다 결연한 의지로 숱한 구상을 쏟아낸 것도 사실이다. 그러나 실행을 못한 것이 한으로 남아 있지 않은가.

이번만은 어떠한 일이 있더라도 여당의 그 '다짐'과 '구상'대로 실행에 옮겨야 한다. 그래야만 후손들에게 자랑스러운 정치사와 역사의 발전을 길이길이 남길 것이다. '말만 무성하거나 용두사미(龍頭蛇尾) 격이 되지 않고 끝까지 실행에 옮겨야 한다.' 그래야만 코로나19처럼 뿌듯한 선진국의 자부심도 국민의 기상도 온 세계에서 인정을 받을 것이 아닌가. 국민의 기대를 결코 잊어서는 안 된다.

(2020. 4. 16)

잠은 곧 생명이요, 그 원동력이다

우리네 속담에 '잠이 최고의 보약이다.'란 말이 있다. 이는 숙면을 통하여 우리의 교감신경을 안정시켜 근육의 피로를 완전히 회복시킨다. 그로 인해 원기에 활력을 넘치게 하는 것이니 이만한 보약이 또 어디 있겠는가. 보약 중에 최고의 보약이 아닌가. 옛날부터 널리 전해 내려온 이야기로서 비록 짧긴 하지만 그 내용이 깨우침을 주기에 이를 속담이라고 했다. 이 속담은 우리의 인체가 얼마나 정밀하게 조직되어 있는가를 잠을 통해 제시해 주고 있다.

이 세상에는 정교한 과학 제품이 참으로 많다. 그러나 인간 육체에 비교한다면 아무것도 아니다. 현재 제작된 자동차는 만삼천 개의 부품이 들어가고, 747제트여객기를 만들려면 삼백만 개의 부품이 들어가야 하며, 우주 왕복선을 만드는 데는 오백만 개의 부속품이 필요하다고 한다. 여기에 비하면 '사람의 몸은 아주 정교하게 조직되어 있음을 본다. 세상 그 어느 것과도 비교할 수 없으리만큼 정교한 조직으로 이루어져 있다. 10조(兆) 개의 세포조직과 25조 개의 적혈구와 250억 개의 백혈구가 우리 몸에서 활발히 이루어질 때 건강한 육체로 삶이 이루어진다. 우리의 몸이 미세한 부분까지 신경이 통한다는 것은 이처럼 정밀하게 조직되었기 때문이다. 또 사람이 걸어갈 때 206개의 뼈와 근육과 힘줄이 정상적으로 작용할 때 사람의 걷는 바른 자세라고 한다. 얼마나 놀라운 우리의 육체인가?

참으로 신비한 일이다. 이 무수한 조직이 톱니바퀴처럼 하나같이 작동해야만 건강한 육체가 이루어질 수 있다. 그렇다면 매일같이 쏟아져 나오는 무수한 일들을 처리해야만 우리의 삶이 이루어지니 그 일을 감당하느라 우리의 몸이 얼마나 피로에 젖겠는가? 세상 무슨 의약품이 잠을 대신할 수 있을까? 앞으로 의학이 발달한다 해도 숙면과 같이 회복시킬 수 없다.

이것을 증명해 주고 있는 것이 성경 창세기다. 절대자는 낮과 밤을 창조했다. 그 의도가 무얼까? 뭇 생명들을 살려내기 위한 것이다. 낮은 활동의 시간이요, 밤은 잠을 통해 충분한 휴식을 취하는 시간이다. 낮과 밤이 존재하지 않았던들 인류가 오늘처럼 찬란한 역사를 이루었겠는가. 성경에 의하면 '저녁이 되고 아침이 되니'라고 했다. 이는 무엇을 암시해 주고 있을까. 충분히 휴식을 취한 뒤에 그 힘으로 주어진 일을 하라는 뜻이 아닐까? 그럴 때 모든 역사가 창출된다는 뜻이다. 필자가 기독교인이라서 창세기를 인용한 것은 아니다. 천지만물이 생존하는 원리를 밝혀 놓은 바가 성경 이 외에서는 읽지 못했기 때문이다.

잠은 모든 생물들에게 절대적으로 필요하다. 동물들의 세계에서도 그러하고 식물들의 세계에서도 그렇다. 그 하나의 예로 봄철의 꽃 빛깔이 선명하지 못한 해가 있다. 그 이유는 무얼까? 원예를 전문으로 한 제자의 말에 의하면 지난해 겨울이 따뜻했기에 뿌리가 잠자는 시간이 대폭 줄었기 때문이라고 했다. 꽃 빛깔이 고우려면 한 해 겨울에 10일 이상의 강추위가 이루어져야 뿌리가 충분히 휴식을 취한다고 했다. 그렇지 않으면 식물은 뿌리에서 봄을 맞이할 준비를 계속 서두르기 때문이라고 했다. 모든 생물에게는 충분한 휴식이 아주 소중하다는 이야기다.

수면 전문의사인 한진규 박사는 그가 쓴 『수면밸런스』에서 '모든 건강은 숙면에 있다.'고 하면서 잠은 인생 전체에 걸쳐 가장 큰 영향력을 미치는 핵심요소라고 했다. 특히 인간이 잠자는 동안에 우리 신체에서는 무슨 일이 일어나는지에 대하여 아직까지 베일에 싸여있다. 뇌 과학자들조차도 이에 이론이 분분하다. 그러나 지금까지 우리가 알고 있는 뇌 지식만으로도 상당부분을 해결할 수 있기에 현재 불면증의 치료가 가능하다고 했다.

잠은 곧 생명이다. 생명에 활력을 공급해 주는 역할도 잠이요, 생체리듬을 정상화시키는 것도 잠이며, 손상시킬 뇌세포를 재생시키는 일도 잠이니 무엇을 더 말할 필요가 있을까? 우리에겐 귀한 잠이 있다. 최고의 보약인 잠이 있다. 그러나 우리의 욕망은 끝이 없기에 잠을 이루지 못하는 밤도 있다. 끝끝내 잠이 오지 않는 데까지 이르게 한다. 그러나 자야 한다. 동터 오는 새날이 있기 때문이요, 찬란한 미래의 역사를 창출해야 하기 때문이다.

이별의 정한과 슬픔

큰형님의 비보를 받고 얼마나 마음으로 슬퍼했는지 모릅니다. '드는 정은 몰라도 나는 정은 안다'는 옛 속담이 어쩌면 그리도 쓰린 가슴을 부추기는지 흐르는 눈물을 닦아도 여전히 흐릅니다. 지난날 말 못할 사정이 가슴의 상처로 고이고 또 고여 있었지만 그러나 이미 흘러간 일들인데 지나간 시간들을 들추어 무엇 하겠습니까? 싸매주고 감싸줄지언정 케케묵은 생각들을 떨쳐버리지 못함이 어찌 정을 지닌 인간이라 할 수 있으며 피를 나눈 형제라 하겠습니까?

어찌 보면 형님이 저희들에게 큰 깨우침을 안겨 주셨습니다. 인생에서 아주 귀한 선물을 주셨습니다. 자립정신으로 우뚝 설 수 있는 지혜와 용기를 주셨습니다. 만일 그렇지 아니하시고 저희들에게 마냥 따뜻하게 돌봐주셨다면 지금쯤 어찌 되었을까요? 당시에는 편안한 가운데 의지하며 살아왔겠지요. 그러나 지금처럼 주체의식이 강했을까요? 이 모두 형님이 저희들에게 주신 보배로운 선물입니다. 그러기에 형님께 감사를 드리지 않을 수 없습니다.

형님!

저희들이 성장한 뒤에는 따듯하신 형제의 정을 한 없이 부어 주셨습니다. 피부로 느끼고 가슴으로 가득 채워 넘칠 만큼 정이 풍성했습니다. 인간은 육과 영이 결합되어 이루어진 몸이기에 상대방의 진실된 마음은 누구나 감지할 수 있습니다. 형님이 주신 알뜰하신 그 정을 어찌 느끼지 못하겠습니까? 정말이지 말씀 한마디에도, 표정 하나에도 모두 정을 담아 대해 주셨습니다. 형수님께서는 "어쩌다가 도련님들에게 서운하게 대해 주었는지 지금 후회합니다." 하시며 저의 손을 꼬-옥 잡아 주셨습니다. 그때 저는 뜨거운 눈물을 흘렸습니다. 저도 울고 형수님도 울었습니다. 눈물은 거짓이 없습니다. 마음에 부딪혀 일어나는 감정의 폭발이 바로 눈물입니다. 형제간의 정을 되찾는 그 눈물은 진정 값진 눈물이었습니다. 이보다 더 진한 눈물이 있겠습니까.

형님!

하관식 하던 그 순간이었습니다. 더 이상 바라볼 수 없어 그 자리에서 돌아선 채 봇물이 쏟아지듯 혈육의 정이 가득 밀려와 뜨거운 눈물이 펑펑 쏟아지는 것이었습니다. 언제 그렇게도 마음 한구석에 차곡차곡 정이 쌓였던지 나도 모를 일이다. 어깨를 들먹이며 흐느끼는 나의 모습을 또 다른 자아(自我)가 옆에서 지켜보고 있는데도 그러나 이별의 슬픔을 막을 길이 없었습니다. 이 모습을 지켜보았는지

상주(喪主)인 정호가 삼 일 후 신태인역에서 제 손을 꼭 잡으며 '작은아버지, 고마워요. 그런데 의문점이 있어요. 삼촌(나를 지칭)은 속이 없는가요? 아니면 천치인가요? 이 말은 어찌 지난날을 잊지 않았을 터인데도 왜 이리 바보처럼 뜨거운 눈물을 흘리셨느냐는 뜻인지도 모른다. 나는 이 질문에 구구하게 답할 수가 없어 그 마음이 형제의 정이지. 그리고 "나는 교회 장로가 아니야?"라고 답했더니 "그래도" 라며 계속 말을 이어가려 하기에 다른 말로 분위기를 바꿨습니다.

지난날의 험난했던 과거가 아름다운 눈물로 바뀔 수 있었던 것은 슬픔의 덩어리가 그리움으로 바뀐 것입니다. 그 순수했던 본연의 정을 한때 밀어내고 욕심이 그 자리를 차지하여 왕 노릇했기에 이루어진 일이었는데 우리는 지난날 눈물로 다 씻어내고 보니 그 자리에 순수한 형제간 정이 가득 채워진 것입니다. 비록 이복형제일망정 그 아름다움 정이 마지막 보내드리는 형님의 모습을 차마 지켜볼 수 없었기에 이별의 슬픔이 눈물이 된 것입니다.

괴테는 "모든 모순을 사랑으로 융화시킬 때 인생의 가치가 있다." 라 했습니다. 끝없는 욕망의 포로가 되면 모든 것은 시들게 하고 끝내 망가져 생명까지도 사라져 가는데 여기서 사랑으로 승화시킨다면 인생의 가치가 피어오른다는 뜻이 아니겠습니까? 이 얼마나 사랑의 마음이 고귀한가요. 조용히 생각해 보면 너 나 할 것 없이 우리 모두가 한때 물욕에 치우쳐 주위를 돌아보지 못한 채 허우적거리며 살아온 삶이었습니다. 여기서 진정 자유로운 사람이 과연 몇이나 되겠습니까? 인간의 삶은 어찌 보면 모순 덩어리입니다. 또다시 말합니다만 형님은 인생의 후반기에 저희들에게 베풀어 주신 사랑은 참으로 아름답고 고귀하게 느껴졌습니다.

형님!

어느 누구 못지않게 성실하게 살아오신 형님의 삶이셨기에 저희들에게 큰 본이 되었습니다. 직장에서 퇴근하신 뒤에도 밤늦도록 손전등과 망치와 비를 들고 집 안을 청결하게 가꾸시던 모습도 잊을 수가 없습니다. 성실이 형님의 인생을 이루신 삶이셨기에 더욱 본을 받고 싶습니다. 이젠 본향으로 돌아가신 형님이시니 모든 것을 잊으시옵소서. 못다 이루신 일들은 정호와 경호가 뒤를 이어 이룰 것이며 저도 협력할 것이니 기쁘게 여기소서. 최첨단의 과학으로도 도저히 흉내 낼 수 없는 인간 고유의 정을 조카들과 나누며 오순도순 살 것을 약속드리면서 이만 줄입니다. 천국에서 편히 쉬소서. 본향의 아름다움으로 꽃을 맘껏 피우소서.

영화 「천화(遷化)」를 관람하고 나서

영화 「천화(遷化)」는 끊임없이 반복되는 모순된 삶을 가감 없이 그대로 스크린을 통해 제시해 놓고 있다. 그러면서 '과연 그러한 삶이 인생의 의의와 가치를 부여해 주고 있는가'를 관객들에게 제시해 주면서 그 의문점과 문제점을 하나하나 풀어 나가려는 의도로 제작된 영화가 아닌가 싶다.

이 영화가 시작되면서부터 스토리가 잡히지 않은 채 얼마간 이미지가 이어지기에 아주 불편한 영화라고 말하는 자들도 있다. 그들은 '영화가 시작된 지 꽤 지난 시점에도 스토리는 진행되지 않고 다만 여러 등장인물만을 보여줄 뿐이라.'고 말하기도 한다. 그런가 하면 다른 이는 '몰입도가 아주 높은 잘 만들어진 영화다.' 한 편의 '오감도 시를 읽는 듯이 조금은 난해하지만 삶의 실존적 의문과 해답을 스스로 생각하게 하는 영화다.'라고 말하는 자도 있다. 또 한편에서는 이 영화의 핵심은 '삶과 죽음의 한 경계선에 관한 이야기다.'라고 보는 자도 있다. 그러면서 '사람들은 나이가 들면 죽음을 앞두고 새로운 생명으로 나타나고자 하는 욕구가 잠재되어 있다고 하면서 죽음은 비극이 아니고 해방이다. 원죄를 씻고 인간이 처음 창조된 당시의 완전한 생명으로 돌아가는 축복의 절차다. 그리고 죽음으로 가는 통로에서 겪게 되는 고통은 새로운 창조를 위해 치러야 할 각자의 몫이다.'라고 종교적 시각에서 바라보는 자도 있다.

어쨌든 한 편의 영화를 보든, 미술과 문학을 감상하든 바라보는 시각에 따라 그 차이는 천차만별이다. 많은 상상력을 일으키게 하는 것이 진정한 예술의 가치가 아닌가? 그 한 예로 '시(詩)'를 가리켜 백인백색(百人百色)이라고 하는데 이를 풀이하면 한 작품을 놓고 백사람이 읽었는데 제각기 해석이 다르다는 말이다. 피카소의 그림도 그러하기에 명화라 말하고, 대작이라 극찬하기도 한다. 이러한 의미에서 영화 『천화』를 바라봄이 어떨까 하는 생각이다.

물론 앞에서 말한 세 분의 말이 옳지 않다든가, 다시 생각해 보라고 권면할 수도 없다. 그들의 말이 각기 느낀 바를 그대로 표현했기 때문이다. 모두 맞는 말이다. 그런데 여기서 필자가 한 가지 의견을 덧붙인다면 그들에게 조금만 참고 장면과 장면을 깊은 사색에 잠기면서 관람한다면 더 좋은 의미로 바라보지 않을까 하는 생각이다.

인생이 단순하다면 이런 따위의 말이 필요 없을 것이다. 그런데 우리의 삶은 그렇지 못하다. 하루의 삶도 잠자리에서 생각해 보면 '참, 그 일을 이렇게 처리했더라면 더욱 좋았을 텐데'라고 하는 뉘우

침과 반성이 얼마나 많은가. 그뿐인가? 한숨과 눈물로 얼룩진 삶이 인생이기에 더 이상 말할 필요가 있을까?

그러면 영화 속으로 들어가 살펴보자.

금년 1월 25일 개봉한 『천화』는 한국영화다. 이 영화는 제주도를 배경으로 이루어졌는데 그곳 한 요양병원에서 치매노인 환자로 치료를 받고 있는 문호(하용수)와 그를 미소로 어린애를 어르듯 간호하는 윤정(이일화), 윤정은 10년 전 제주도에 왔고 이곳에서 한 남자를 만나 사랑에 빠졌다. 그 남자는 윤정과 몇 년을 같이 살다가 홀연히 살아졌다. 윤정은 무료한 시간을 달래기 위해 말이란 카페에서 수강생들에게 전통바느질을 가르치고 있다. 그러면서 문호를 간호하고 있는 것이다.

어느 날 문호의 아내인 수연(이혜정)이가 윤정을 찾아와 자신의 남편이 윤정이란 자에게 정기적으로 돈을 보냈다고 한다. 그러면서 남편과 어떤 관계냐고 꼬치꼬치 묻는다. 그러나 윤정은 문호란 사람도 모르고 돈도 받은 사실이 없다고 딱 잘라 말한다. 여기까지는 윤정의 시각에서 바라본 스토리다. 다음은 수연의 대화 중심의 이야기를 살펴보자.

수현은 서귀포를 향해 달리다가 안개 자욱한 날이라서 종규(양동근)의 허술한 차를 들이박는다. 그런데도 종규는 수현을 안심시키고 자기 차에 태워 수현의 볼일을 다 마치기까지 편리를 봐준다. 수현은 수년 전 사라진 남편 문호를 사망 신고하고 은행에 들른 뒤 종규가 인도하는 대로 어느 카페에 들른다. 거기서 우연히 윤정을 만난다.

수연은 여기에 오기 바로 직전 남편인 문호가 거래하는 은행에 들렀을 때 남편이 윤정이란 여인에게 매달 돈을 보냈다는 이야기를 들었다.

장면이 바뀌면서 다음 날로 전개된다. 전혀 예상치 못했던 말쑥한 노신사로 나타난 치매환자인 문호였다. 문호는 윤정에게 전날 의사로부터 병세가 많이 호전되었다는 말을 들었다면서 불과 몇 해 전까지만 해도 아내 몰래 제주에 사는 젊은 한 여자를 만나 사랑해 왔다고 말한다. 그러면서 진정한 사랑이 아니었다고 고해성사처럼 고백을 한다. 그러자 거기서 윤정은 당신의 이름이 뭐냐고 묻는다. 그리고 윤정의 이름으로 보낸 많은 돈은 지금 어디 있느냐고 묻는다. 그때 문호는 '내 인생 전부가 다 거짓투성이야'라고 말하지 않는가? 여기서 말하는 거짓투성이란 인생 전부를 말함인가 아니면 어떤 한 부분의 전체를 의미하는가를 관객들은 곰곰이 생각해 보게 한다.

한편 문호를 간호하는 윤정의 모습에 매료된 종규는 그녀의 주변을 맴돌다가 마침내 그녀에게 사랑을 고백한다. 그러나 그 사랑은 전날의 종규의 행동으로 봐 결국 육체적 사랑임을 깨닫고 윤정은 모든 일을 뒤로 한 채 허탈한 마음으로 어디론가 돌아가려는 듯 배를 탄다. 그 배 안에서 종규의 사랑 고백의 의미를 다시 한번 깊이 생각해 보면서 영화는 끝을 맺는다.

이 영화의 첫 장면은 쓸쓸한 외딴 집, 주방처럼 느껴지는 그곳에서 종규는 무엇을 찾으려는 듯 세심하게 이곳저곳을 바라보는 모습에서부터 시작된다. 빈집처럼 느껴지는 아무것도 없는 빈 공간에 일반 가정에서 사용하는 수도꼭지보다 조금 큰 플라스틱으로 된 파이프관에서 맑은 물이 설거지 통으로 콸콸 쏟아지는 모습이 나타난다. 종규는 그 쏟아지는 물줄기에 눈을 고정시켜 바라보다가 밖으로 나간다. 영화가 거의 끝나는 장면에서도 똑같은 장면이 그대로 재현된다.

그렇다면 왜 그 같은 장면의 영상을 어떤 의도에서 반복하였을까? 그 이유가 무얼까? 이 영화의 제목과 자연히 연관성을 지어 생각해 보지 않을 수 없다. 이 영화의 제목인 천화(遷化)는 불교 용어로서 이 세상을 마치고 본향으로 돌아간다는 뜻이다. 그렇다면 종규는 그 물줄기에 관심을 가지고 바라봤을까? 물은 곧 생명(A Living Being)이다. 태어날 때도 생명으로 이 세상에 왔고 죽어 본향으로 돌아갈 때에도 다른 생명으로 돌아간다는 의미다. 그러기에 종규는 쓸쓸한 집에서 무언가를 찾으려 했지만 찾지 못하고 물줄기만 바라본 채 또다시 쓸쓸히 사라지는 것임을 암시적으로 표현한 것이다.

과연 그렇다. 사람이 이 세상에 올 때 쓸쓸히 그리고 빈주먹으로 태어난다. 그래서 생명의 호흡을 처음 일으킬 때 울음으로 시작된지도 모른다. 그러면서 세상에 사는 동안 무언가를 찾으려고 무진애를 쓰지만 결국은 빈손으로 죽음과 함께 본향으로 돌아간다. 본향으로 떠날 때에도 영(靈)적 생명이 존재한다. 종교는 물론이려니와 샤먼(무속인)들도 영혼이 정착할 곳이 없을 때에 '떠돈다.' 혹은 '영혼이 말한다.'는 등 일련의 것들을 생각해 볼 때 우리와는 다른 생명체로 존재하고 있음을 말해주고 있는 것이다.

본 영화에 대하여 앞에서 지적한 자들의 말을 그대로 인용한다면

'이 영화의 주인공과 배우들의 연기를 볼 때 꿈인지 현실인지 분별할 수 없을 정도로 관객들을 혼란시킨다.'고 지적했는데 과연 오른 말이라 여겨진다. 현실이 꿈 같고 꿈이 현실 같은 현재의 우리의 삶이 아닐까? 그러기에 일을 해 놓고 나면 후회하기도 하고 뉘우치기도 하고 눈물 흘리기도 하지만 헛된 것임을 느끼면서 인생의 허탈감을 실감하고 있는 삶이 우리의 삶이라고 한다면, 어느 누가 잘못 판단이라고 말할 자가 있을까?

그러면 영화 『천화』에서 배역들이 주고받은 대화들을 한번 살펴보자. 주인공인 문호가 치매기에서 잠시 제정신으로 돌아왔을 때 윤정에게 '내 인생은 전부가 다 거짓 덩어리야'라고 고백했고 윤정은 문호에게 '그렇다고 하찮은 건 아니잖아요. 사랑이 비겁할 때도 있지요.'라고 한다. 또 종규는 수연에게 자기의 고물차를 바라보면서 '이 차 관으로 생각하고 타고 다녀'라고 했다. 그리고 나온(정나온)은 종규 옆에서 혼잣말로 '그럼 난 누가 보살펴 주지?' 푸념을 털어놓는다. 그런가 하면 '죽을 만큼 힘들 땐 무어라 해요.' 이처럼 현실에서 이루어진 일들을 적나라하게 제시해 준다. 그러면서 이러한 삶이 과연 우리의 삶이 아니냐고 관객들에게 반문하면서 각기 그 해답을 찾으라고 호소한 듯 대사가 이루어진 영화라고 보았다.

이러한 구성을 '수미상관식(首尾相關式) 구성이라고 한다. 수(首)는 머리라는 의미요, 미(尾)는 꼬리라는 뜻이며, 상관(相關)은 서로 관계를 맺는다.'란 뜻이다. 이를 쉽게 풀이하여 말할 때 샌드위치(Sandwich)식 구성이라고도 말한다. 그 빵을 한가운데로 갈라놓고 그

안에 야채를 넣으면 '야채샌드위치'라고 하고 그 안에 고기를 넣으면 '고기샌드위치'라고 한다. 맛은 제각기 다르지만 사람의 입맛에 따라 선택도 다르다. 이렇듯 인생이란 빵에 각기 삶의 모순점을 넣어서 맛있게 만든 영화다. 그러기에 오래 씹으면 씹을수록 제맛을 느끼고 입안의 침이 삭힌 물이 되어 그것과 충분히 혼합시킬 때 그 자양분이 살과 피가 되어 건강한 육체를 만들 듯 저마다 인생의 예리한 가치까지 깨닫게 하려는 제작자의 의도가 아닐까? 이러한 의미에서일까? 아니면 삶과 죽음의 경계에서 많은 관심이 집중되어서일까?

우리의 옛말에 '인생은 일장춘몽(一場春夢)'이란 말이 있다. 한바탕 봄날의 꿈처럼 헛된 영화, 덧없는 인생'이란 뜻이다. 이러한 의미만 담겨 있을까? 아니면 '이러한 인생이니 촌음을 아껴 보다 가치 있는 삶을 이룩해 달라'는 우리 조상들의 간절한 염원이 스며 있지 않을까? 여기에 영화 『천화』의 해답이 있는 듯하다.

고(故) 재홍 형님 영전에 부쳐

2월 18일 밤 11시경 재홍 형님께서 극락정토에 왕생하셨다는 비보를 받고 보니 너무도 큰 충격이었습니다. 비록 극락정토에 왕생하셨다. 하지만 이 세상에서 저희들이 다시 뵐 수 없는 그 길을 떠나셨기에 슬픔을 진정시킬 수 없습니다.

남들은 흔히 말하기를 이 세상에서 87세를 사셨다면 장수하셨다고들 하지만 이처럼 능력이 많으시고 덕이 높으신 분을 멀리, 아주 멀리 떠나보내시기가 너무도 아쉽기에 가슴 저려오는 아픔을 금할 수가 없습니다.

한번 태어나서 가시는 것은 정한 이치라 하지만 저희들에게 베푸신 그 인자하신 성품, 도타우신 정신을 그간 우리가 흠모만 해왔었을 뿐 제대로 배우지도, 따르지도 못했는데 벌써 떠나시다니요. 너무도 성급히 떠나셨습니다. 그러기에 저희들은 이토록 슬픔을 주체할 수가 없나 봅니다.

겨울이 가면 봄이 오고 새 생명이 약동하는 것은 자연의 별리가 아니겠습니까. 이러한 모든 변화는 자연의 이법이라고 생각할 때 그리고 사람의 생사도 자연의 섭리에서 한 치도 어긋남이 없는 것이라고 생각할 때 사람은 그저 자연에 순응하고 자연의 품 안으로 돌아갈 수밖에 없다고 하지만 그러나 오늘 정작 영결식장에 서고 보니 목이 메어 말문이 막힙니다.

그 곱고 화려하게 피어나는 꽃들은 언젠가는 꽃씨로 모두 본향으로 돌아가듯 형님, 이젠 고통과 근심이 없는 자비로운 세계로 환원하셨습니다.

돌이켜 보건대 지난 40여 년간 제2세 교육에 몸 바쳐 일하시던 당신의 일들이 하나하나 주마등처럼 스쳐 지나가지만 어찌 이 짧은 시간에 이루 다 말할 수 있겠습니까.

1938년 일제치하에서 지금의 전주고등학교의 전신인 전주고등보통학교를 졸업하시고 일본 명치대학에 유학할 그 당시만 해도 푸른 꿈과 야망이 서린 청년시절이었습니다. 그러나 애국심이 불타 오르던 형님은 대학을 졸업하신 뒤 그 화려한 지위가 마련된 직장도 모두 마다하시고 일제치하에서는 아무 일도 할 수 없노라 하여 일본관헌들의 눈총의 대상이 되기도 했습니다. 그러던 2년 후 해방이 되어 제2세 교육을 위해 한 몸 바치기로 결심하고 교육계에 진출하셨습니다. 그 후 6·25 동란을 만났고 4·19혁명을 만났으며, 5·16 군사혁명 12·12 사태 등 정치적 혼란의 연속 속에서도 이 나라 교육을 위해 묵묵히 일해 오셨습니다.

얼마나 많은 역경과 눈물이 있었겠습니까. 모두 참아가며 끝까지 교육을 지켜오셨습니다. 전주고등학교 교장으로 재직할 당시였습니다. 총기 분실 사건으로 전국 수사본부가 학교에 설치되고 강력하게 수사를 전개하고 있을 당시 모든 교직원들은 수사의 위력 앞에 심히 떨고 있었습니다. 이것을 보신 형님은 직원 조회 석상에서 말씀하시기를 모든 책임은 교장이 다 질 터이니 여러 선생님들은 이에 조금도 흔들림 없이 교육에 전념해 줄 것을 당부하셨습니다. 어느 선생님에게도 전가시키지 아니하시고 그 무거운 짐을 홀로 떠맡겠다고 말씀하신 그 후덕하심을 어찌 세월이 흐르고 흐른다 할지라도 잊겠습니까? 정말이지 대인(大人)이 아니시면 그런 말씀을 하실 수 없다고 선생님들은 물론 전교 학생들에 이르기까지 훌륭하신 교장 선생님이라고 존경의 뜻으로 매일같이 대했다는 말을 저도 들었습니다.

그 말씀이 있은 뒤 7일 만에 그 총기를 훔친 학생이 자진하여 수사본부에 나와 자수하였습니다. 그로 인해 나날이 긴장이 고조되어 위태로움이 살얼음판을 걷다가 일시에 해소되어 평온을 되찾게 되었습니다. 수사가 종결될 때 알았던 일입니다만 훌륭하신 교장 선생님이 자기 때문에 큰 해를 입으실까 싶어 이같이 자수하게 됐다고 실토함에 따라 동기는 어떠하든 사제 간의 두터운 정 때문이라는 점을 감안하여 죄의 형량이 대폭 삭감되었다 합니다.

그 같은 후덕함이 어찌 그 사건에만 국한되었겠습니까? 일상에서 베풀어 주신 정까지 합하며 어찌 하늘을 두루마리로 삼고 바다를 먹물로 삼아도 다 기록할 수 있겠습니까? 아, 아 슬픕니다. 그러하시던 당신이 이렇게 불귀의 객이 되시다니요. 이렇게 아무 말씀도 아니하시다니요. 보소서, 천지는 새로운 봄을 맞이하기 위하여 뿌리에서 줄기로 줄기차게 약동하고 있건만 오늘 이 자리는 어찌해서 침통한 눈물만 흘려야 합니까? 바위처럼 슬픔의 무거운 덩이가 우리의 가슴을 짓누르고 있습니다. 돌처럼 굳어진 슬픔, 끝내 무너진 가슴을 당신의 영전에 쏟아 놓습니다.

고 재홍 형님!

이제 마음을 정돈하렵니다.

이렇게 슬픔으로 치닫는 일이 혹시나 가시는 길 편안치 못하실까봐 마음을 가다듬고 눈물을 닦습니다.

편히 가시옵소서. 평소 못다 이루신 일은 저희들에게 맡기시고 이젠 편히 가시옵소서. 극락왕생(極樂往生)하시옵소서.

2005년 2월 20일

사촌 동생 재준 올림

향기의 사람

– 수필가 · 문학평론가 **하재준** 장로의 이야기

김태일 목사(전북원로목사회 전 회장)

사람이 한평생 살아가면서 여러 얘기를 종종들을 때가 있다. '그 사람 참 좋은 사람이야.' '됨됨이가 인간답고 훌륭한 인물이다.' '아주 꽃보다 더 향기로운 사람이다.' 등, 그들은 외로움과 고통을 극복하고 주변을 품어 안은 향기를 뿜어내기 때문이다. 하지만 사람의 향기는 저마다 다르다. 피어나는 모양도 빛깔도 모두 다르기 때문이다. 하지만 한결같은 것은 그 향기가 사람을 사랑하게 하고 믿을 수 있게 한다는 것이다.

나는 얼마 전 친구인 전 신태인중앙교회 당회장 주호연 목사님을 통해 한국의 수필가요, 문학평론가인 하재준 장로님의 수필집 『천국의 미소』와 『어머니의 눈물 어린 기도』라는 책을 받아 펼쳐 보았고 그 후 그와 만남을 통하여 사람의 향기를 느끼게 되었다. 즉 어머니에 대한 지극한 효성, 눈물 어린 고학 이야기, 수필 등이다. 이러한 하 장로님의 수필을 읽으면서 '오물이 뒤섞인 더러운 물속에 뿌리를 내리고 아름다운 꽃을 피워 올리는 아름다운 수선화와 연꽃, 또한 상처 많은 나무가 아름다운 무늬를 남긴다는 말을 생각했다.

그리고 한 "사람을 이해하려면 그 사람의 어린 시절을 살펴라."라는 정신분석학자 프로이드의 말이 떠올랐다. 이제 한 권의 책, 한 편의 드라마, 한 편의 영화와 같은 그의 가난하고 험난했던 여정, 고독과 가난 속에서 부서지고 믿음으로 용기를 내어 일어섰던 그의 삶의 자취를 생각해 본다.

하재준(1941. 11. 22) 그는 전북 신태인읍에서 부 하명용 님과 모 김귀례 님의 4남으로 태어났으며, 11남매 중 아홉째였다. 그의 아버지는 당시 부의 단위이자 상징인 천석꾼의 거부였다. 그러나 대한민국정부수립 이후 초대농림부 장관 조봉암의 농림정책인 토지개혁 정책으로 그 많은 토지가 실제 농사에 종사한 농민들에게 분배됨에 따라 지주 몰락사태로 형편이 말이 아니었다고 한다. 그는 아홉째로 태어났기에 부모의 여력이 미치지 못하여 가난의 이력은 그의 생애에서 떨쳐버릴 수 없는 그림자와 같은 것이었다. 그는 자력으로 학교를 다니기 위해 6·25 직후 열 살인 초등학교 3학년 때부터 피눈물 나는 신문 배달로 고학이 시작된다.

당시 가난이 심각할 때라 대부분의 서민들은 초근목피로 생계를 유지하던 때로 신문 구독자들이 많지 않아 인근 면까지

배달해야만 했다. 그런 관계로 불과 6, 70부를 배달한다 해도 3, 4시간을 뛰어야만 했다. 그런데도 피곤하다는 말을 입 밖에 낼 수 없었고 월급이 적다고 불평할 수도 없었다. 당장 그만둔다 해도 뒤를 이어 배달할 사람이 얼마든지 있기 때문이다. 그는 새벽 4시, 남들이 단잠에 취한 그 시간 신문을 옆에 끼고 문전 문전을 돌아다니며 "신문이요, 신문이요" 하고 소리를 높여야 했다. 비가 억수로 쏟아지는 날에도 강추위가 휘몰아치는 거리에도 비옷 하나 내복 한 번 입은 바도 없이 어둠을 헤치며 뛰고 또 뛰어야만 했다. 중학교 1학년 때는 초등학교 사친회비(당시 납입금 명칭)에 비하여 학비가 많고 써야 할 용돈도 필요해서 밤 10시경에 광주에서 온 신문을 배달했다. 새벽에 조간과 함께 배달하면 다른 아이를 써야겠다고 으름장을 놓은 지국장의 말에 꼬박꼬박 밤에 배달하고 보니 밤 11시 반 경에 집에 돌아오곤 했다.

잠이 부족하나 새벽 4시, 으레 잠에서 퍼뜩 깨어 신문을 배달하려 나가지만 졸림은 여전할 때가 많았다. 기차에서 신문을 받아 지국에 오면 지국장이 이부자리에서 일어나지도 않고 내가 신문을 세며 순간순간 조는 것을 못 보겠는지 그렇게 졸리면 내일부터 그만두어라. 좀 큰애를 시켜야겠다. 너의 사정만 봐줄 수 없지 않겠느냐는 등 이런저런 말을 할 때마다 가슴이 미어지는 것 같았다. 신문배달을 그만두면 학교도 그만두어야 했기 때문, "졸지 않겠어요. 동작을 빨리할게요. 잘못했어요.

앞으로 잘하겠어요." 이렇게 사과하며 주섬주섬 신문을 들고 지국 문을 나설 때 피가 어린 눈물이 쏟아지고 시간의 아쉬움이 너무도 절절했음을 14세부터 피부로 가슴으로 느끼게 되었다고 한다.

이후 중학교를 졸업하고 고등학교 입학시험에도 합격을 했다. 하지만 입학금이 없어 다음해로 미루고 등록금 마련을 위해 공장 직공으로 1년간 일하게 되었다. 그 이듬해 고등학교에 입학했고 신문배달을 계속하며 두 분의 선생님 도움으로 졸업을 하게 되었다.

11년간 신문 배달로 고등학교를 졸업한 후 대학 등록금을 마련하느라 그는 1964년 전주대학교 국어국문과에 입학했다. 그러나 1년도 채 되기 전에 2학기 등록금이라는 벽에 부딪혔다. 하는 수 없이 어머니에게 편지를 썼다.

"어머니, 고학이 이렇게 어려운 일인지를 새삼 절절히 느끼는 순간입니다. 등록금 마련이 도저히 불가능하여 부득이 휴학하려 합니다."(생략)

곧 열 장이 넘는 어머니의 간절한 격려의 회답이 도착했다.

"오늘도 그 뙤약볕에 나가 밭에서 김(풀)을 매고 왔다. (생략) 곡식이 익을 때에는 가장 많이 양분을 필요로 하단다. 그때에 자양분을 공급하지 못하면 쭉정이가 되어 그간에 애쓰고 가꾼 곡식이 모두 헛수고가 되지만 모든 어려움을 극복하며 양분을 공급해 준다면 알곡을 수확할 수 있단다. (중략) 사랑하는 아들아! 조금

참고 힘을 내라. 불가능은 없단다."

어머니의 눈물방울이 뚝뚝 떨어진 그 편지에 크게 자극을 받아 용기를 내어 교무과장과 학장을 찾아갔단다. 다행히 교무과장인 이길배 교수님의 도움으로 등록을 마쳤고 그 뒤 직장이 주어졌기에 졸업하게 되었다고 한다. 그리고 경희대학교 대학원에서 국어국문학과에 입학, 석사학위를 받았다고 했다.

그는 만 25세에 사회 첫출발인 지방신문 『전북일보』에 기자로 입사하여 6년간 근무했다. 그러나 성격상으로 전직을 했는데 전북교육청에서 발령을 받아 중학교 교사로 1년, 고등학교 교사로 26년 근무하는 중에 백제예술대학 문예창작과 강사로 출강했다 한다. 그리고 전라북도교육연수원에 수필창작 강사로 출강한 바가 있었고. 정년퇴직 후에도 부천지치신문 논설위원과 논설주간으로 자리를 옮겨가면서 현재까지 계속 근무 중이라 한다. 한편 1985년도에 교회 장로로 취임했고 문단에 수필가로 등단했으며 2016년도에 문학평론가로 데뷔하여 수필집 7권과 칼럼집 1권을 낸 바 있으며 평론집은 곧 발간된다고 한다.

자기 자신을 끊임없이 높은 인품으로 교육해 가는 끈질긴 집념은 마침내 「향기의 사람」으로 탄생되었다. 김학 수필가는 1996년에 그가 쓴 서평에서 말했듯이 "하재준 선생은 공석과 사석을 막론하고 남은 탓하거나 비방하는 이야기를 들어본 적이 없다. 뿐만 아니라 선생의 친절은 여느 사람으로도 흉내내기 어려운 대인관계다. 그리고 승진이나 재산을 불리려는 일에 있어서도 안달하지 않는다. 그러면서도 겸손과 절제 그리고 검약과 근면 성실을 보여주는 영원한 우리의 이웃이다. 우리 시대의 선비인 수필가 그는 기독교로 닦인 철학 때문이 아닌가 싶다." 이처럼 그는 하재준 장로의 인품을 단적으로 말해주고 있다.

(『교회연합신문』「목회칼럼」 2019. 5. 26. 제1141호 발표)

하재준 에세이집

묵은 땅을 갈면서

2021년 7월 20일 초판 인쇄
2021년 7월 25일 초판 발행

지은이 / 하재준

발행인 / 강병욱
발행처 / 도서출판 교음사
편 집 / 隨筆文學社 出版部

03147 서울 종로구 삼일대로 457 수운회관 1308호
Tel (02) 737-7081, 739-7879(Fax)
e-mail : gyoeum@daum.net

등록 / 제2007-000052호

* 잘못된 책은 바꿔 드립니다. 값 13,000원

ISBN 978-89-7814-827-6 03810

- 이 도서는 한국예술인복지재단의 창작준비금을 지원받아 제작되었습니다.